LUMINAIRE

光启

守望思想　逐光启航

流动的森林

Timber
and Forestry
in Qing China

Sustaining
the Market

一部清代
市场经济史

张萌 著
史可鉴 译

上海人民出版社

LUMINAIRE BOOKS
光启书局

献给我的父母

目 录

中文版代序：对中国经济史的重大贡献

在过去二十年左右的时间里，中国历史领域源源不断地出现了新著作，它们加深了我们对帝制晚期和民国初期的中国经济史的理解。这些著作得益于新发现的档案材料，其既有官方保管的，也有私人收藏的。诸多学者利用这些文献宝藏，讲述了既有充分的实证分析，又有重要理论性的故事。如此一来，他们不仅开辟了新的研究领域，而且挑战了早先对中国历史的描述。他们将中国的案例作为比较经济史中不可或缺的一部分，对其进行深入的探讨。

张萌的新研究就是这种新学术成果的一个突出例子。正如书名所示，它的主题是清代的木材市场，其显著推动了官方和私人的建造活动。可持续性是故事的关键线索，复杂的贸易网络取代了官方采办，满足了民间各方日益增长的需求。那些既支持可持续林业，又支撑原木市场的制度，依赖于强大的私人秩序体系（private ordering），是明清中国的法律体系的核心。虽然其他著作已经对其中的一些机制有所讨论，但张萌讲述了它们的运作、相互依存的演变以及对林业的适应，她的研究对于中国独特的文化禀赋、清代国家对商业实施的日益自由放任的政策，以及帝制晚期边疆和边疆群体的作用，都有新的启发。

张萌最重要的贡献之一，在于她修正了过去对中国忽视森林资源的叙事。既往常见的历史著作指出，一代代中国人为了寻找建筑木材和开发用于定居的土地，破坏了高地的森林，这一过程导致了许多地区的生态和社会灾难。然而，这些著作很少谈到帝制晚期中国通过补充森林资源，为主要以木材为基础的皇家和私人建筑提供原料的做法。张萌在开篇考察了清代国家的木材消费，以及国家转向依赖市场购买来满足对木材的需求（巨大的古老原木除外）。在这个过程中，她启发了对清代经济政策的更全面的理解，提供了国家努力公平对待相互竞争的商人团体和保护商人免受腐败的地方官员压榨的证据。不过，本书前半部分最出彩的地方是她对人工林在中国经济中日益增长的重要性的讨论。

人工林的出现是为了解决古老天然林枯竭的问题——世界上其他许多地方都通过国家监管和投资来解决这个问题。而在中国形成的特殊办法依赖于私人投资，这种投资是由种植林木的土地的所有者、投入劳动力的租户以及出于其他诸多经济动机而加入的人共同分担的。这种生产体系沿用了历史悠久的股权所有和股份转让的传统，利用契约来分配各种各样的产权的做法，以及源于宗族关系的"法人"所有和管理制度。在像林业这样的行业（我们在自贡的制盐业和其他地方也看到了类似的制度创新），从种植到收获和销售木材的时间平均为三十年，上述体系使得投资者分散了风险，并提供了必要的灵活性和流动性。在张萌的叙述中，它还创造了参与可持续实践行动的激励机制，至少在20世纪洋木进口之前，它保障了中国林业的蓬勃发展。

尽管张萌对清代山地林业的讨论是复杂的，但她提供了关于股份持有的作用及其在中国社会的深刻根源的最清晰案例之一。由于她的主要案例取自中国西南边疆，它们也证明了私人秩序机制的扩散，以及主导股权持有和通过契约交易资产的习俗，越发具有全国性。单凭这一点，就足以使本书成为对中国经济史的重大贡献。而本书的后半部分在论述木材出山后的市场情况时，对这一特定行业的细节的掌握，以及对牙行等中介机构在提供信贷和市场信息等方面的作用的分析，同样引人注目。到 19 世纪后期，越来越多的行会以成员和国家之间的调解人的面貌出现，并最终成为商会这一新机构的组成部分。张萌提供了令人信服的证据，证明这些行会的优势地位源于它们能够为成员提供一种庇护，使他们不必直面迫切需要增收并提高了向个体商人的直接课税力度的晚清国家。获得行会成员资格所带来的各种好处（尤其是以行会名义向国家履行成员商人的差务），是成员遵守行会规则、维持良好声誉的强大动力。这反过来又赋予了行会在成员之间执行合同、惩戒违规者等方面维持一套共同规范的权力，这些规范又往往得到国家的认可。随着司法机关——包括地方衙门和通商口岸的会审公廨——在 20 世纪的商业纠纷诉讼中变得更加活跃，这些行会凭借它们积累的权威在商业诉讼中发挥了持续的作用，至少延续到 20 世纪 30 年代。

　　本书是对中国早期近代经济史中一个长期被忽视的领域的重点研究。在中国市场上交易的货物的数量和价值的定量数据总是很难获得，特别是帝制时期的。张萌为提供可靠的估值付出了艰辛努力，其中一个例子是，她创造性地利用常关收入的定量数据和零散的关于原木和木筏大小的定性数据来估计 1725 年至 1850

年期间到达南京的原木数量——在1850年前后，太平天国运动中断了木材贸易。她对史料所处的历史情境的把握也值得赞赏。对于不熟悉帝制中国的政治经济细节的读者来说，本书提供了所需了解的背景信息。对于专业人士来说，本书熟练地将一套复杂的制度和实践的影响整合到一起。它应该会吸引比较历史学者和中国学者的广泛阅读。

本文原载于《中国历史学刊》（*Journal of Chinese History*）2022年1月第6卷第1期，第189—191页。经剑桥大学出版社许可翻译成中文并在本书中使用。作者为哥伦比亚大学历史系、东亚语言与文化系教授，主要研究近代中国法律和经济史等，著有《州县官的银两》《自贡商人》等。标题为编者所加。

这本书中许多独到的见解来自对国家和私人机构之间盘根错节的关系的详细记录。在众多例子中，最典型的是自发形成的商人组织，它们成为地方商业税收结构的一部分，从而既获得了合法性，又使得官方无需设置功能平行的机构。在本书的最后，张萌将我们引入极富吸引力的 20 世纪的开端——中国、沙俄和日本围绕林业产品贸易展开的帝国竞争。而其他著作展现的这段历史，特别是对日据时期朝鲜的研究，[2]很好地补充了张萌的成果。

本书的叙述将众多材料融会贯通为一个引人入胜的故事，并提炼出令人信服的论证，且佐以杰出的写作，必将为从事中国研究的学者所欣赏。同时，本书也将引发读者对一些议题的普遍兴趣，包括森林史、可持续的自然资源管理，以及政府与市场在土地管理、木材交易，以及与之相关的环境问题中各自扮演的角色。

作者为耶鲁大学人类学系教授，主要研究森林的环境史与政治人类学等，华盛顿大学"文化、地方与自然"（Culture, Place and Nature）丛书主编。

注释

[1] 康拉德·托特曼：《绿色列岛：前工业时代的日本的林业》（*The Green Archipelago: Forestry in Preindustrial Japan*）。

[2] 大卫·费德曼（David Fedman）：《控制的种子：日据朝鲜的森林帝国》（*Seeds of Control: Japan's Empire of Forestry in Colonial Korea*）。

　　回溯到更早的时候，我要感谢母校北京大学的周黎安教授和邓小南教授，正是他们在十年前激发了我对经济学和历史学交叉学科的兴趣，并鼓励我攻读研究生。我希望他们能将此书视作一份令人满意的阶段性汇报。我最感激的是我的家人对我无条件的爱。我的父母支持我所有的努力，尽管他们不得不接受女儿远在他乡，做着他们无法向困惑的邻居解释的事情。我们的中国式大家庭总是将团结、温暖、干预和戏剧性的生活奇妙地融合在一起，让我在千里之外满怀思念。最后，我要特别感谢我的丈夫王烨，还有我们的狗狗八戒，他们的幽默和顽皮伴我度过了这场激烈的冒险。

度量单位与相关术语

在木材贸易中，原木的测量是依照圆围（原木在成年人眉眼高度的周长）来进行的，并以此为基准，在一个名为"龙泉码"的木材检量系统中被分为不同的等级。官方档案中有时会测算直径，但更多的情况是测量圆围。在本书中，我保留了以圆围测算尺寸的方法，以便读者清楚地了解史料中不同等级木材的分类。当今使用的标准度量是胸高直径（dbh），可以通过圆围除以 π 来推算。为方便读者理解，我视情况附加了这一度量信息。对于度量单位，本书的英文版使用"foot"来翻译中国的"尺"；1尺现在被标准化为三分之一米（约 1.09 国际标准英尺），但它的确切长度在历史上因地区和行业而异。在清代木材贸易中使用的"滩尺"有一些地区差异，约为 34.2 厘米（1.1 国际标准英尺）。[1] 此外，1丈等于10尺，1尺等于10寸。

在这本书所涵盖的几个世纪里，白银作为大规模交易的通货，存在不同的物理形式，其计算单位也略有差异。在清代，未铸造的银两和进口的外国银元都在流通，计量单位为"两"。按不同的标准，"两"的重量在 33.99 克至 37.50 克之间。[2] 此外，1钱等于0.1两，1分等于0.1钱。民国时期，有不同银行铸造的银元以"元"为单位在流通。对本书的广泛分析而言，这些差异无关宏旨。我保留了原始史料中使用的数值和单位。

注释

[1] 参见相原佳之（Aihara Yoshiyuki）『清代中期貴州東南部清水江流域における木材の流通構造——「採運皇木案牘」の記述を中心に 』，第 550 頁。

[2] 有关清代的货币制度和不同货币单位的详细研究，参见林满红《银线：19 世纪的世界与中国》(*China Upside Down: Currency, Society, and Ideologies, 1808–1856*)，第 xxiii—xxv 页。

前 言

19世纪80年代，英国外交官马嘉理（Augustus Raymond Margary） 3
在沿长江的旅途中看到了木簰，并对其奇特的外观评论道：

> 从近处看去，［木簰］像是一个漂浮在水面的熙来攘往
> 的村庄，再近些观察，不禁要赞叹其构造之精巧。长木紧实
> 地捆扎在一起，形成一个巨大而紧凑的木簰，中央整齐地搭
> 有板棚，供排工居住。木簰的前端被削尖，形似船头，排尾
> 则延伸出安放舵杆的回廊。长江的湍流带着木簰全速而下，
> 但它们也配备了巨大的棹，需要10到12人合力操纵……通
> 常，三四具这样的木簰连在一起，一组接着一组排成一长
> 串，为了便于联络，还会有一只小木筏居间游走，由五个人
> 划着，以满足木簰的所有需要。它的样子就像一只长腿水
> 黾，时不时猛地划过水面。[1]

马嘉理目睹了清代木材贸易运作的现实场景（图0.1），这一
跨区域的长途贸易体系横贯长江及其支流。木材在前现代等同于
钢筋混凝土，毫不夸张地讲，它是帝制晚期中国城市建设的基本
构件。在数百座遍布于中国最富庶区域的城市和集镇中，建造戏 4

1

院、行会、庙宇、祠堂、妓院、餐馆、茶室以及其他早期近代城市生活的标志性建筑都有赖于木材贸易的供给。到18世纪晚期，总量庞大的木材贸易每年为长江下游流域带来至少500万根原木。类似的商业化和城市化进程同样出现在长江中游地区，得益于木材供应的贸易网络，其在上游区域也有较小程度的发展。木材搭建的城市很容易毁于大火，之后一切又要在灰烬中重建。诸如杭州、汉口和南京这类一流商业中心，也是出了名的易发生火灾的城市，因为城中木结构建筑密集，火势极易蔓延。[2]除了营造建筑，其他必需品——包括棺木、家具、舢板和马车——都需要市场不断供应大小和品种各异的木材。

随着这一需求不断增长，一个跨区域的贸易结构在几个世纪中应运而生，并扩至数千英里，这得益于由生产、采伐、运输、投资、交易和税收所构成的复杂制度体系的支撑。图0.2展示了

图 0.1　江西境内长江上的木簰，1930 年

资料来源：「長江の筏」，『亜東印画輯』，5, no.79 (1930): 81。引自东洋文库

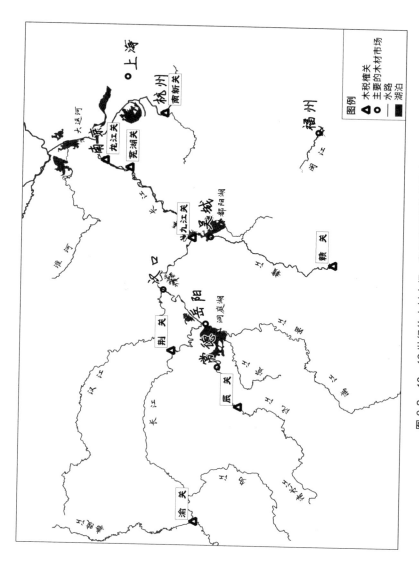

图 0.2　18—19世纪的木材市场、贸易路线和榷关示意图

5 　这一贸易结构在 18、19 世纪全面扩展时的概况。在相对低税和监管放任的情况下，这一广阔的市场确保了朝廷能够获得稳定的木材供应——这虽然在木材市场的体量中所占的比重甚小，但对于维持市场化的运作方式至关重要。更值得注意的是，即使在人口压力和森林砍伐加剧的情况下，这一体系也保证了民用消费所需的木材供应。在很大程度上，它是通过回馈耐心的长线投资和鼓励市场参与来实现这一点的。这样一来，所有在供应链上的人——种植者、伐木工、排工、木商、牙人、批发商、零售商和制造商——都可以从中获利。

　　长期以来，木材贸易一直被认为是帝制晚期中国最重要的跨区域大宗贸易之一。商业史学者已经探讨过大木商们所累积的巨额财富。"盐商木客"这一俗语暗示，持引盐商与木商在江南市场的商贾中地位显赫。[3]环境史学家已经注意到国家采办木材和

6 私营市场消费对中国天然林的破坏。[4]然而，就木材贸易结构和数量的制度变迁而言，以往的文献鲜有提供统计证据，使得许多学术讨论缺乏扎实的实证基础。本书的首要目的是追溯木材市场的历史演变并澄清一些普遍的误解。第一章探讨朝廷如何采办木材，第二章利用常关税收数据还原当时的大众市场。

　　这里需要强调两个相关的问题：第一个问题涉及国家采办木材的相对规模，第二个涉及产出木料的森林类型。在明清时期，国家以皇家营造为目的的采木方式经历了重大转变，从直接组织徭役的采伐制度转变为以低价从市场获取现成木材的采买制度。实际上，后者相当于对木商征税。这一变化绝非仅限于木材，它大体上与帝制晚期国家管控经济的式微和市场经济的普及相一

致。[5] 尽管儒家士大夫在奏折、方志中经常批评帝王的奢靡铺张，并将严重的环境与社会问题归咎于帝王对宏伟宫殿和陵寝的痴迷，但皇木采办对中国中部和中国南方森林的实际影响却相当有限。事实上，皇木的专官采办集中于西南广袤老林中少数容易进入的区域。此外，到 17 世纪时，皇木大多来自人工林而非天然林，不是通过徭役采办，而是使用货币采买现成木材，且皇木采办的数量只占市场供应的一小部分。在中国南方许多山区发展起来的人工林，在广阔的区域贸易网络中通过紧密相连的商业节点和脉络分销，成为供应大众木材消费的最重要来源。

可持续性与制度：定义

木材贸易体系的持久和广阔范围产生了两个问题：几个世纪的稳定木材供应是怎么维持的？范围超过一千英里的商业网络是怎么维系的？一套可持续市场的制度机制解决了这两个问题，该 7
机制将激励参与者的措施同资源再生、市场参与和公平交易结合在一起，尽管解决方案并非绝对如此。

"可持续性"（sustainability）是一个复杂的概念。尽管这个术语的一般含义已广为人知，即系统和过程的持久性，但是"可持续性"在不同的专业和学科中具有不同的定义和重点。生物学家、经济学家、社会学家和生态学家所使用的定义虽然涵义重叠，但各有相异甚至相互冲突的优先考量。应用生物学家和经济学家关注环境和人类社会经济福祉的内在联系：应用生物学家关注可再生资源（森林、渔业等）的可持续产量，而可持续的经济发展要求目前的经济活动不能给后代造成过量负担。社会学家还注意到，在为实现可持续发展提供可行的解决之道方面，社会组织起到了关键作用。这些研究路径虽然关注点不同，但大多是以人为中心的。它们着眼于人类的长期福祉，试图推动环境管理的改善。不过，生态学家提出更高的要求，他们强调生态系统多样性的可持续性。相较于可持续产量和可持续经济发展的要求，"强可持续性"要求生态系统多样性不受人类的明显干预，这对人类活动的限制更为严格。[6]

历史学家伊懋可对中国"三千年的不可持续增长"的著名批判以及受其启发的一系列文献都隐然将"强可持续性"的理念作为评价标准。我认为这既在实践上不现实，亦在思想上有所局限。[7]无可争议的是，自新石器时代农业革命以来，人类的多数行为已经给我们生活环境中的动植物群带来了不可逆的影响，但对"强可持续性"理念的执拗会妨碍我们理解多种人类实践在操作层面的不同影响——其中有些实践方式，相较于其他，能够在更长的时段，以更低的成本维持。本书中使用的"可持续性"意指在可持续产量和可持续经济过程意义上的"弱可持续性"。这一以人为本的进路是基于一种认识，即人既是所有发展活动的执行者，也是这些活动的受益者或受害者，他们的主动参与是任何可持续资源管理制度成功的关键。[8]

在木材供应方面，我注重以市场为导向的森林资源可持续性。在木材贸易方面，我关注的是长途商贸业务和信贷安排的可持续性。这两方面的可持续性相互交织，两者的密不可分证明林业和市场对彼此的重要性是对等的。然而，就维持生态系统的多样性而言，基于市场的木材生产及贸易体系并不能做到可持续：面向市场销售的林木种植主要是单作种植，达不到天然林生物多样性的水平。虽然如此，人工林依然具有宝贵的生态系统功能，包括加强当地的水供应、土壤保护和碳储存。在环境和经济上，这种更新造林制度比不受管制的滥砍滥伐或山地开垦的可持续程度更高——在后一种情况下，明清时期人们种植玉米和其他来自新世界的作物，造成了严重的水土流失和河道淤积问题。[9] 因此，与其定义一个"可持续性"的绝对标准，不如将之看作在生态、经济和政治等相互关联的领域中具有各自不同可持续强度的光谱。与前现代世界其他常见的森林资源开发系统相比，商业化的林木再造确实是一种更具可持续性的木材采伐制度。这一自然要素与人类社会成功协调的历史先例，即便不是生态上的理想状态，也能够极大地启发当代的环境政策和制度路径的实施。

维系木材资源和长途贸易网络并非易事。这一系统中各个部分的参与者都面临各自不同的挑战。试举几例，一个种树者会担心他不能及时盈利以筹备儿子的彩礼，因为苗木还要五年才能成为可用的木材；一个流动商贩在通过榷关时会担心受到官吏索要贿赂的骚扰；一个批发商在销售给新客户时对赊账十分谨慎，他担心这个客户可能会拖欠账款并失联。如果不能采取有效的措施来合理地解决诸如此类的问题，木材的生产和贸易体系就不可能发展成它在18世纪和19世纪所具有的令人瞩目的规模和结构。

一个错综复杂的制度体系在总体上化解了这些挑战。所谓的

"制度"（institutions），我指的是经济学家所理解的"博弈规则"，或者更确切地说，是"为决定人们的相互行为而人为设定的制约"。[10] 成文的规章、惯例、行为准则以及其他言明或未言明的规则，通过确定人们的选择集合和构造激励机制，为人们发生相互关系提供了框架。当然，任何规则，无论它们的正式化程度如何，都可能被违反。在这种情况下，某些形式的"惩罚"便会启动。而所谓的"惩罚"，其严厉程度不一而足，上到法律诉讼，下到社交中的些微尴尬。制度能否发挥其功能的一个关键因素就是为发现违规和严厉惩罚而付出的成本之高低。

尽管理论学家倾向于区分"正式"制度和"非正式"制度，前者通常由国家法律确立，后者是定义更为模糊的社会规范，但在现实中这一区分要模糊得多。在早期近代中国，界定市场空间的制度涵盖常设的国家建制到临时的地方调度、明晰的私人秩序安排到模糊的基于社会关系网络的协商。事实上，区分正式制度与非正式制度的做法无法解释这些制度的互补性和相互联系。只有全面考察这些相互关联的制度如何在一个制度化的（institutionalized）但又不一定正式化的（formalized）市场领域中相互界定和演进，我们才能更好地理解早期近代中国的林业实践和商业模式。

维系资源：产权、市场和林木再植

几个世纪以来，随着木材贸易总量的扩大，中国南方的天然森林日益衰退。市场对木材的需求只是一个因素。不断增长的人口压力迫使人们在山岭间的高地密集定居，他们砍伐森林，将开辟出来的土地用于种植玉米、土豆以及其他特别适应干旱高地环境的新世界作物。高地的滥砍滥伐不仅导致了木材和燃料的短缺，还造成了水土流失、河道淤积的连锁反应，以及因储水能力降低而出现的旱涝风险。在 19 世纪，一些地区的这种生态破坏已经非常严重，随之加剧的是高地和低地社群间的冲突。[11]

　　然而，在帝制中国晚期，一个明显的反向趋势是因市场销售而发展的林木再植，这产生了大量的木材供应，也使得山地土壤免受侵蚀。20 世纪初，跨太平洋而来的木材大亨罗伯特·大来（Robert Dollar）在几次中国之旅中，遇到了从数百英里外出发、沿长江而下的大型木筏。大来在他的回忆录中思索着中国木材可持续供应的来源：

　　　　在很长一段时间里，我在想他们采伐这么小的木料时，他们的供应一定快耗尽了。但经过调查，我发现每当有一小块土地的森林被采伐，人们就立即在这片土地种上苗木，重新造林，几十年后，又有一整片林子可以采伐了……这就是我们在小尺寸洋松（Oregon pine）的经营上必须面对的竞争，这也是为什么中国市场对洋松要求大尺寸而排斥所有的小尺寸……

　　　　这是对美国模式的很大改进，美国模式是砍掉一切，不做任何再植。而这种中国再植方法将给中国人带来持续的小木料供应。即使我们自认为比他们知道的多得多，但从中国的知识之书中抽出一页仍为时未晚，这不是很好吗？[12]

10

大来对中国形势的描述可能过于乐观了。就在他写作的时候，中国的森林砍伐正在加剧。在 1750 年，中国约 25% 的地表由森林覆盖，但到 1950 年已缩小到不足 10%。[13] 然而，林木再生确实在一些地方因市场销售而成为惯例。诚然，这样的做法并不能扭转森林滥伐的总体趋势，滥伐是帝制晚期中国与早期近代许多其他地区共同的命运。[14] 然而，通过审视造林的制度，我们进而可以质疑简化的线性历史模型的有效性，并有助于促成一种更精粒化的历史（finely grained history），我们借此可以从那些成功缓解环境保护和经济繁荣需求之间的常态矛盾的实例中得出更有价值的认识。

现有文献强调了长江中下游及东南某些地区（安徽、浙江、江西和福建）以及西南（湖南、贵州、四川）山区的森林管理和植树实践的成功案例。[15] 在所有这些林木种植发展成一定规模产业的案例中，商业化是一个共同要素。随着跨区域经济融合的加强，发达地区对木材的高需求并非仅仅摧毁了边缘地区的天然林。在许多情况下，这种需求也为当地人提供了金钱上的激励，当林木再植是最赚钱的选择时，他们会重新植树。然而，一个实际的难题却鲜有研究者关注——即使是最经济的用材林，也需要几十年才能长成。[16]

对造林业来说，最大的挑战是要经历漫长的等待期，才能从采伐和出售木材的活动中获利，而在此期间的二三十年里都没有任何收入。造林业的这种特殊现金流结构对前现代的农村家庭构成了严峻挑战。通过林地交易的书契，我们可以窥见现代经济学意义上的流动性问题——所有者所拥有的有价资产（生长中的树木）不能轻易转换成现金或其他容易变现的（因而是流动性的）资产——在历史上是如何解决的。第三章揭示了一个产权框架，它通过分割用材林地的各种权利和资产票据化，解决了树木生长的长期性带来的流动性问题。所有权和租赁权越来越多地被划分为在林木收获前可独立交易的股权，这些产权交易的发展使人们能够将预期的未来收益转化为现金流，以满足家庭的消费模式。这些做法为尚未实现的收入创造了一个原始期货市场，并成功地在以家庭为基础单位的农村经济中推动了商业化造林的发展。

本书中的跨区域比较研究表明，尽管当地条件各不相同，但在长江以南广大地区的森林中存在一种普遍的关于股权和租佃的惯习。这些以市场为导向的造林具有下列主要特征：山地土地的所有权属于私人而非国家；供市场销售的用材木是轮作种植的；林地利润的回报以股份为基础；可分割、可流通的股份基于土地所有权和劳动力投入而构建；通过书契转让股份。在以国家为中心的环境保护主义的现代浪潮下，这种基于私有产权的造林经验似乎不合时宜。然而，尽管20世纪的环境政策很大程度上强调公共规划和政府监管在弥补市场失灵方面的重要性，但学术界也质疑自上而下、所谓指挥控制的监管是否有效。经济学家批评这些政策成本高、效率低且僵化，而生态学家则指出系统韧性（system resilience）的丧失通常会引发不可预见的后果。[17]

除了基于政府的监管方案，学者们还考虑了基于市场的替代路径。与此相关的主张是采取产权路径，通过"环境市场"推动自然资源的有效利用：对某一资源确立明确且强制性的产权，此

12

举将净租金分配给了所有者，从而激励负责任的资源管理；产权可转移，使人们能够对新的信息和价值作出灵活的反应。[18] 中国南方林地所采用的产权制度就是这样一个"环境市场"。有效的造林制度不仅提供了一个成功的环境市场的历史实例，而且也促使我们超越关于国家所有与私人所有、指挥控制与经济激励的二分法的抽象论争，细致地审视特定产权框架所提供的具体激励措施，并就地方制度中运行良好的方面提出政策建议。

维系贸易：市场准入、信息与契约执行

除了木材的可持续供应问题，另一个关键问题涉及维持长途贸易所面临的挑战。尽管这些挑战可能有许多表现形式，但其核心是与市场准入、信息和契约执行等相互关联的问题。这个行业是对新入行者开放的，还是被既得利益者所垄断的？一个行商如何能在一个陌生的城市找到潜在的贸易伙伴，又如何能找到有关其信用和偿付力的可靠信息？当出现违约或纠纷时，可以利用哪些机制来确保执行契约？强化市场开放和公平的有效制度是区域间木材市场的依托。没有这些制度的话，很多交易就不会发生，木材的可持续供应首先会在流通层面受到威胁，继而通过连锁效应波及生产层面。

帝制晚期的中国市场以两套制度为特征：中间商和商人团体。撮合交易的生意大多由持（牙）帖的中间商把持，不过未登记在册的小中间商（无帖牙人）也占有一些利基市场。明清朝廷

将牙行 * 作为其市场管理策略的中心，牙行承担在经济上协调交易者、在行政上协调国家与市场的双重任务。国家在不同行业指定商人团体的历史至少可以上溯至中古时期，但自发建立的商人团体（一般称为行会、会馆或公所）的激增则是 18 世纪和 19 世纪的一个新现象。[19]

　　对牙行和行会的研究在中国商业史上占有重要地位。一个核心议题是它们在多大程度上促进或阻碍了市场交易，而对此的考察通常基于市场准入的视角。数量额定的牙帖和对无帖私牙的革禁使得人们普遍认为牙行制度在清代越发地束缚了自由交易。[20] 同样，也有学者认为中国的商人团体是类似于欧洲行会（guilds）的垄断组织。通过支持地方财政，商人团体得以获取相当大的自主权，包括诸如限制成员资格、约束竞争和操纵价格等在内的尝试。[21] 对牙行和行会更为正面的评价源于它们在提供信息和执行契约问题上的贡献。这些观点认为，两者的居中调解和信息共享功能是解决信息不对称和搜寻成本（searching cost）问题的良药，特别是对长途贸易而言。[22]

　　大多数既有的研究要么是探讨国家层面的总体趋势，要么是着眼于某一特定地区的牙行或行会，而无视贸易行当间的差异。对于特定贸易行当的动态描述更是少之又少。一个好的动态描述应该涵盖同一城市内所有该行业的牙行和行会之间的互动，以及不同市场的行会间可能存在的跨区域互动。我的研究聚焦于不同

13

---

* 原文为 licensed brokerage，直译为"持帖经纪"，但考虑到持贴者就是指牙行，为了方便阅读，统一译为"牙行"，内容所指相当于"官牙"，有别于无贴的"私牙"。本书脚注皆为译者注。

地域中与木材有关的机构，并对它们进行跨区域的考察。本书第四章考察了木材市场中不同参与者之间的动态互动以及围绕长供应链进行木材贸易的机制。第五章探讨了基于商人团体与司法系统的契约执行机制。对市场准入、居间调解和契约执行的研究结果不仅适用于木材的贸易，也基本上代表了那些在很大程度上免受国家直接干预的资本密集型长途大宗贸易的特点（与管控严格的盐或谷物的贸易不同）。

14 　清代木业的市场环境介于理想中的自由市场与以卖方或买方寡头为特征的受控市场之间，而更高层次的市场更接近前者。在木材贸易中，牙行和其他经济中介机构最重要的功能是提供信息：撮合买卖双方和借贷双方。他们对于供需来源、市场趋势以及个别商号和商人的偿付能力和历史都了如指掌，这使得他们在长途贸易中至关重要。批发交易中参与者对牙行的依赖，更多的是因为后者的经济服务不可或缺，而非仅仅因为他们在形式上满足国家的要求。

同样，提供信息和执行契约亦是行会向其成员提供的最具吸引力的经济职能。倘若没有抵御违约风险的有效机制，长途木材贸易就不可能真的仅靠信用完成。行会的契约执行力的核心乃是以信息共享和集体惩罚为策略的信誉机制。此外，行会和司法系统相辅相成，共同构成了一个契约履行制度。该制度自20世纪头十年来由于商会网络的作用而进一步得到强化，后者促进了机构间的纵向交流以及跨区域的横向争端的解决。正式的市场调控机关和由商人团体倡立的民间秩序构成了一个制度统一体，它们共同定义了地方市场的商业规范。通过降低木材贸易的准入门槛，促进商品和资本的流通，以及遏制投机和欺诈行为，这些市场制度在木材供应链中发挥了关键作用。

林木及其生态物质性

　　人为设计的林业、产权、市场和法律制度从来都不只是在人际互动的场域中运作，相反，它们受到自身与自然环境相互作用的激发、促进、修正和约束。在本书的叙事中，树木和山主、排工、商人、地方官员一样，都是历史的主角。造林的做法本身依赖于用材林适应性广的生物学特性，其中杉木（fir）尤甚，松树次之。中文中的"杉"对应的是杉木属（拉丁学名 *Cunninghamia*），是柏科（拉丁学名 *Cupressaceae*）中一种笔直生长的常绿针叶乔木。在中国南方，"杉"主要是拉丁学名为"*Cunninghamia lanceolata*"的杉木，在英文中惯称为"China fir"（中国冷杉），因为它在形态上近似于真正的冷杉（*Abies*，冷杉属）。[23] 为方便起见，本书的英文版遵循英文中惯称的"fir"来统一表达中文中的"杉"一词。杉木生长快、挺直、坚韧、抗虫，一直是华中和华南最广为使用的种植林树种。[24] 以马尾松（拉丁学名 *Pinus massoniana*）为主的松木在价值上稍逊，但也因其快速的自我再生能力而受到种植者的青睐。15

　　商品化的林业是由这些适生物种的生物学特性促成的，并受到其制约。长江以南的广阔地区恰好契合这些快速生长的树种的生态需求，这里的商业造林和木材的私人贸易因而繁荣发展。倘若没有有利的生态条件，很难想象这些人类活动是如何进行的。虽然本书讲述的是林业和木材市场通过人为设计的制度扩展到边疆地区的故事，但是它同样印证了另一个叙事，即通过人类的作用，杉木和松树在中国南方取代了亚热带针阔叶混交林，并作为优势物种在更广的地域内大量繁殖。

需要强调的是，本书的重点是木材，即大到足以用于建筑、足以值得生产和长距离运输的木料。人类必须根据木材的物质性——其生长的自然周期、体积、密度、形态和可燃性——来决定自己如何行动。人们必须保持耐心，因为大自然需要时间来产生光合作用。采伐、修剪、运输都要耗费人力。在崎岖的山地，需要在栈桥上搭建滑道，以便将巨大的原木运出森林。木料的翘曲变形、大节疤以及其他"不完美"之处都必须进行处理，无论是通过物理的方式还是财务的方式。松木必须脱脂后方能在水上漂浮。狭小的水道必须经过疏浚，方能承载木簰，木簰不得不与其他航运工具在狭窄的河道上争夺空间，还要冒着穿越危险的峡谷和经受波浪的风险。

将原木加工成人们所需的形状和尺寸，必须运用技术和投入劳动力。当中国终于在20世纪初迎来铁路时代时，传统木厂的前工业时代技术已经无法胜任对圆木段的加工了，这使得中国内地市场不得不从美国和中国东北地区（受日本控制）进口由机械化锯木厂生产的、尺寸精确统一的铁路枕木。这些案例表明，树木的生态和物质性限定了人类能动性的可行范围。本书聚焦于木材，因而难免会遗漏许多早期近代与树木有关的消费品——例如桐油、漆树、桑树以及各种食材和药品。许多非用材树木（它们

16

成熟所需的时间更短）和杉木一样被人工种植，其产品面向国内市场，甚至是国际市场。另一个例子是木柴，其生产和消费仍然相当本地化，即使有异地的燃料需求，高昂的运输成本也意味着木柴不值得长途运输。

　　清代的森林生态系统种类繁多，获取、管理和利用的方式也各不相同。本书关注的是中国南方由长江及其支流连接起来的广阔地区，在这片地区有繁荣的私人种植杉木和松树的活动，除了少数例外，木材的获取和流通优先考虑的是经济利益而非政治或意识形态原则。这一历史遗产延续至今：当代中国的用材和非用材人工林仍集中在本书关注的区域。[25]这可以视为中国森林管理和利用的一个典型，但肯定不是唯一的一个。例如，如果人们希望在中国找到与理想的现代国家林业最相似的历史先例，甚至是保护主义的痕迹，那么最好的选择可能是清廷关于塞外森林的政策。在我们深入研究长江水系地区的森林模式之前，有必要先简要分析一下塞外的对照案例，以揭示出于物质—意识形态的考虑和迥异的森林生态是如何造就了帝制中国内部的林业差异。

　　在长城外的东北和内蒙古东端，天然林在几个亚区内繁荣生长。尽管少数地区鼓励开荒和农垦，但在清王朝的想象中，森林是这片区域的重中之重，它孕育了宝贵的资源和人们质朴的性格。历史学家贝杜维（David Bello）所谓的清代"皇家采觅"（imperial foraging）体系中出现的各种矛盾，是由物质和意识形态两个相关因素决定的。[26]一方面，对东北原生产品（人参、珍珠、貂皮等）的采集和消费被视为满族身份的象征。另一方面，扩张的消费、过度的狩猎和采摘，以及汉人商业资本的入侵，带来了资源枯竭的威胁，破坏了这些活动本应强化的身份认同。对环境和身份危机的焦虑促使清廷尽其所能地建立一个大自然的飞地，其举措包括土地封禁、分配定额、建立垄断、发放许可、约束当地人和移民、改革官僚机构和加强巡逻等。[27]

虽然盗伐和偷猎行为并没有完全被消除，但从20世纪初东北森林覆盖率的总体状况可以看出，清代保护东北的政策取得了显著的效果。当然某些地区遭受的滥砍滥伐情况比其他地区更为严重。例如，为了给承德的避暑山庄提供建筑材料，并为一个大型驻地提供燃料和食物，人们从木兰围场和周围的山上砍伐树木，当地平民被迁移安置，林地被用于农垦。19世纪，越来越多的围场官员和商人串通起来，从皇家御围场采伐、盗取和出售木材。与此同时，随着清廷的秋狝从19世纪20年代开始停止，皇家御围场由于邻近灾害频发的华北平原，其面对的要求开放农垦和迁居的压力越来越大。清末，御围场很大程度上已经成为农业区。[28]御围场的例子说明，随着国家和区域的政治优先事项发生转变，森林政策和土地利用方式也相应地发生变化。在19世纪末，整个中国东北都面临着向移民开放的压力，一面是来自外部，沙俄和日本的虎视眈眈，一面是来自内部，华北难民的生存需求。

如果说清廷将满族人想象成猎人，把蒙古人想象成牧民，并努力保护被视为与这两种身份相宜的生态环境，使其免受滥垦滥用，那么长城以南的前明领土就不在这种考虑范围内了：毕竟，汉人应该是农民，与其他族群相比，也无需获得额外的官方保护以应对汉人中的奸商。在清廷对其不同族群（constituencies）的宏大规划中，区分汉族、满族、蒙古族、藏族和维吾尔族是第一要务，而对汉族和华南、西南的其他少数民族的区分——即前明臣民内部的民族差异——是次要的。[29]如果说蒙古人的汉化是对清廷的严重威胁，那么苗族和瑶族的汉化并不是什么原则问题，甚至还为朝廷所乐见——尽管大多数时候在实际操作中朝廷也不会在汉化上过于用力，甚至还会因为对抵抗和动乱的现实恐惧而设立隔离制度。简而言之，促使清廷保护东北和蒙古东部森林的物质和意识形态关切，与包括西南少数民族地区在内的长江水系流域并没有直接关系。如果国家既不进行出于保护主义的监管，也不出面理性规划、合理使用资源，那么是什么力量在掌控中国南方的森林和木材供应呢？这种掌控又在何种程度上是有意义的"管理"而非自由放任的开发呢？

　　本书接下来会讲述人与木材跨越时空流动的历史，亦考察为维系这一流动而进行的制度协商的过程。前两章从国家消费和大众市场发展这两个相互关联的角度，阐述区域间木材贸易体系的结构。其余章节主要围绕支撑木材市场的可持续性的制度，从促进自然资源的再生和应对长途贸易的挑战两个角度展开。市场、制度和林业之间的互动必须理解为一个相互交织的整体。国家对森林管理的放任态度、从市场上采办皇木的做法，以及私营经济中人工林的自主发展，都是以广阔的跨区域市场为前提的。没有它，森林管理的形式和木材供应的机制都会截然不同。在本书所考察时段的末期，这些条件相继崩溃——进口木材带来的激烈竞争、外国资本的入侵、区域间贸易的支离破碎、日本入侵初期交通网络的分崩离析，可持续的市场最终瓦解了。在战争时代结束后，随着国家开始在森林管理和资源配置的活动中扮演主角，战前形式的可持续市场已经一去不复返。

注释

[1] 马嘉理著，阿礼国编：《马嘉理行纪》（*The Journey of Augustus Raymond Margary*），第 126 页。

[2] 例如，关于汉口长期以来的火灾隐患和预防措施，参见罗威廉《汉口：一个中国城市的商业与社会 1796—1889》（*Hankow: Commerce and Society in a Chinese City, 1796-1889*），第 158—168 页。

[3] 唐力行：《明清徽州木商考》，载《学术界》1991 年第 2 期；李琳琦：《徽商与明清时期的木材贸易》，载《清史研究》1996 年第 2 期；王振忠：《太平天国前后徽商在江西的木业经营——新发现的〈西河木业纂要〉抄本研究》，载《历史地理》第 28 辑，2013 年。

[4] 关于两千多年来中国森林砍伐过程及其区域差异的概述，参见伊懋可《大象的退却：一部中国环境史》（*The Retreat of the Elephants: An Environmental History of China*），第 19—85 页。关于中国帝制晚期边疆地区的环境变化，参见马立博《中国环境史》（*China: An Environmental History*），第五章。

[5] 类似的转变也出现在明清时期国家对本草药材的采购中，参见边和《物以为药：明清中国的药学文化》（*Know Your Remedies: Pharmacy and Culture in Early Modern China*），第二章。

[6] 关于"可持续性"的不同定义以及在不同学科中的突出意涵，参见 Foy, "Economic Sustainability and the Preservation of Environmental Assets"; Turner, *Sustainable Environmental Economics and Management*; Rubenstein, "Science and the Pursuit of a Sustainable World"; Ludwig, "Environmental Sustainability", Gatto, "Sustainability: Is It a Well Defined Concept?"。

[7] 伊懋可：《三千年的不可持续增长》（"Three Thousand Years of Unsustainable Growth: China's Environment from Archaic Times to the Present"）；伊懋可：《大象的退却：一部中国环境史》；刘翠溶、伊懋可主编：《积渐所止：中国环境史论文集》（*Sediments of Time: Environment and Society in Chinese History*）。

[8] 我的研究路径在很大程度上与世界银行的一致。参见伊斯梅尔·塞拉杰尔丁（Ismail Serageldin）的著述，他是世界银行首任负责环境可持续发展的副行长。伊斯梅尔·塞拉杰尔丁：《让发展可持续》（"Making Development Sustainable"）；伊斯梅尔·塞拉杰尔丁：《可持续性与国家的财富》（*Sustainability and the Wealth of Nations*）。

[9] 关于长江下游密集开垦带来的生态问题（特别是玉米种植的毁灭性影响），参见安·奥斯本（Anne Osborne）《高地与低地：清代长江下游地区的经济与生态

互动》（"Highlands and Lowlands: Economic and Ecological Interactions in the Lower Yangzi Region under the Qing"）。

[10] 道格拉斯·诺斯（Douglass C. North）：《制度、制度变迁与经济绩效》（*Institutions, Institutional Change, and Economic Performance*），第 3—4 页。

[11] 马立博：《中国环境史》，第 228—231 页；安·奥斯本：《长江下游高地土地开垦的本土政治》（"The Local Politics of Land Reclamation in the Lower Yangzi Highlands"）；韦思谛（Stephen C. Averill）：《高地的革命：中国的井冈山根据地》（*Revolution in the Highlands: China's Jinggangshan Base Area*），第 23—30 页。

[12] 罗伯特·大来：《罗伯特·大来回忆录》（*Memoirs of Robert Dollar*），第 72—73 页。关于大来所说的小尺寸木材，这里的"小"是相对于其公司贩运的数百年生洋松（Oregon Pine，又称俄勒冈松、花旗松、道格拉斯杉）而言的。

[13] 近年来，在国家推动的植树造林努力下，到 2010 年，中国的森林覆盖率已经恢复到 20% 以上。尽管官方数据有些夸大，但毫无疑问，中国现在的森林覆盖率比 1950 年和 1990 年要高。参见马立博《中国环境史》，第 228 页；艾丽西亚·罗宾斯（Alicia S. T. Robbins）、斯蒂文·郝瑞（Stevan Harrell）《改革时期中国森林的矛盾与挑战》（"Paradoxes and Challenges for China's Forests in the Reform Era"）。

[14] 约翰·R. 麦克尼尔（John R. McNeill）：《世界视角中的中国环境史》（"China's Environmental History in World Perspective"）。

[15] 长江中下游的木材种植，参见周绍明（Joseph P. McDermott）《华南新乡村秩序的形成》（*The Making of a New Rural Order in South China*），第 369—429 页；孟泽思（Nicholas K. Menzies）：《清代森林与土地管理》（*Forest and Land Management in Imperial China*），第 89—104 页；韦思谛：《高地的革命》，第 25—27 页；孟一衡：《杉木与帝国：早期近代中国的森林革命》（*Fir and Empire: The Transformation of Forests in Early Modern China*），第四章。关于中国西南地区类似的林业实践，参见张应强《木材之流动：清代清水江下游地区的市场、权力与社会》；唐立（Christian Daniels）『清水流域の苗族が植林を開始するで—林業経営へと駆り立てた諸要因』。

[16] 周绍明对皖南"木材期货"发展的研究是一个特例。参见周绍明《华南新乡村秩序的形成》，第六章。我在第三章对安徽和贵州的情况作了比较。

[17] C. S. Holling, and Gary K. Meffe, "Command and Control and the Pathology of Natural Resource Management."

[18] Terry L. Anderson, and Gary D. Libecap, *Environmental Markets: A Property Rights Approach*. 有关环境市场的相关研究，参见 Freeman, Jody, and Charles D. Kolstad, eds., *Moving to Markets in Environmental Regulation: Lessons from Twenty Years of Experience*; Stavins, Robert N., "Experience with Market-Based Environmental Policy Instruments".

[19] 关于这类商业组织的概述，参见刘广京（Liu Kwang-Ching）《中国的商人行会：一次历史考察》（"Chinese Merchant Guilds: An Historical Inquiry"）。

[20] 近来对于这一观点的阐释，参见周琳《"便商"抑或"害商"——从中介贸易纠纷看乾隆至道光时期重庆的"官牙制"》。关于牙行的中文研究简述，参见林红状《明清及近代牙行研究综述》。

[21] 有关商人组织经济功能的学术讨论回顾，参见莫克莉（Moll-Murata）《17 至 20世纪的中国行会》（"Chinese Guilds from the Seventeenth to the Twentieth Centuries: An Overview"），第 223 页；罗威廉《明清行会》（"Ming-Qing Guilds"），第 47—60 页。

[22] 关于牙行，参见陈忠平《明清时期江南市镇的牙人与牙行》；戴史翠《千头万绪：清代重庆商业纠纷的解决 1750—1911》（"Complicated Matters: Commercial Dispute Resolution in Qing Chongqing from 1750 to 1911"），第 142—171 页。关于商人组织，参见陈富美（Chen Fu-mei）和马若孟（Ramon H.Myers）《应对交易成本：以清朝商人行会为例》（"Coping with Transaction Costs: The Case of Merchant Associations in the Ch'ing Period"）；罗威廉《汉口：一个中国城市的商业与社会 1796—1889》，第 252—321 页。

[23] 杉木属（Cunninghamia）还包括原产于中国台湾的台湾杉木（Cunninghamia konishii）。汉字的"杉"也可以指其他物种，包括日本杉（Cryptomeria japonica），它在日语中被称为"スギ"（sugi），写法与汉字的"杉"相同。然而，历史文献中的细节有限，无法完全区分具体的物种。整合分类学资讯系统（Integrated Taxonomic Information System）："ITIS Standard Report Page: Cunninghamia"；Fu,Liguo,Yong-fu Yu and Robert R. Mill, "Cunninghamia"。

[24] 杨玉盛：《杉木林可持续经营的研究》；俞新妥：《杉木的混农林业》。

[25] 刘明光：《中国自然地理图集》，第 87 页。

[26] 贝杜维：《越过森林、草原与高山：清代中国边地的环境、认同与帝国》（Across Forest, Steppe, and Mountain: Environment, Identity, and Empire in Qing China's Borderlands），第二章。

[27] 关于清朝对蒙古和东北的"自然"的开发与恢复，参见谢健（Jonathan Schlesinger）《帝国之裘》（A World Trimmed with Fur: Wild Things, Pristine Places, and the Natural Fringes of Qing Rule）。

[28] 里尔顿–安德森（Reardon-Anderson）：《清代中国东北及内蒙古的土地利用和社会》（"Land Use and Society in Manchuria and Inner Mongolia during the Qing Dynasty"），第 510—514 页；孟泽思：《清代森林与土地管理》，第三章。

[29] 米华健（James A. Millward）:《嘉峪关外》（Beyond the Pass），第 201 页。

第一章

皇木采办

长江沿线的木材贸易随着帝制晚期中国的发展进入了城市
化、人口增长、移民潮和森林退化的周期。中国东部的经济重心
不断地向西方和南方扩展木材原料地的范围。唐宋变革期（约
750—1150）的经济变革业已消耗了长江下游地区的森林储备，即
便周边行政区域适度发展的商业化造林也无法满足江南的木材需
求。在明清时期（1368—1911），为了满足江南和大运河沿线城镇
大量的木材消费需求，中国西南的许多偏远山区从少数民族聚居
的天然林区转变为木材原料产地。

跨区域木材市场的发展和扩大对朝廷意义重大。在许多方
面，朝廷与一般消费者并无二致：它需要一些特定的物品，并寻
求在预算内以最划算的方式获得它们。但是，在其他方面，朝廷
又与普通消费者不同：它的采买不仅数量大得惊人，且在质量上
力求奢华。个体消费者的购买受限于市场供应的多寡有无，而朝
廷有许多非市场的手段可以使用。以木材为例，在市场未形成或
市场无法满足朝廷的巨大需求（无论是质量还是数量方面）的情
况下，朝廷有能力调动资金和劳动力去找寻、砍伐、运输所需的
木材品种。然而，如果木材可以从市场购得且成本更低，那么朝
廷就不会考虑直接督办生产这一高成本的选项。

研究朝廷采办木材的方式及其变化有三个目的：（1）评估

帝制晚期的国家在管理资源流通方面的优先考量、能力和局限；（2）了解朝廷采办所处的市场环境；（3）评估这些做法和制度对森林生态系统的影响。明代早期，采办贡木的官员不得不经常亲自组织劳动力从西南山区砍伐和运输木材，而在清代，由于越来越多的偏远地区被纳入跨区域的木材贸易体系，官办采木几乎完全通过市场采购来进行。这里简单地概括一下这个长达数世纪之久的过程：国家率先从西南地区开采木材资源，并且通过其军事行动和行政整合使商业资本追随国家的步伐，将木材市场扩展到过去没有木材贸易的地区。反过来，国家又可以凭借业已扩大的市场来获取木材，这在很大程度上决定了国家没有必要直接管理森林或督办采伐。

环境史学者关注的一个核心问题是，国家的消费究竟对森林生态系统产生了多大的影响？简而言之，其影响甚微，这也许与人们的直觉是相反的。清廷在关内的木材需求，一度固化为定额的贡木制度，每年需约 7000 根标准尺寸的原木和 1200 余根大木。前者即供应大众市场的普通木料，通常由私人经营的林场定期生产，后者则要从原始森林中采伐。大木采伐运输不便，采办官员不得不身往西南苗疆，从当地市场的商人手中竞标木料。虽然成交的价格高于预期，但这样就不必再组织木工到深山中采伐了。至于那 7000 根标准尺寸的原木，对这个颇具规模的跨区域市场而言，相当于在正常的货币榷税之外加征了一笔微不足道的实物税而已，要知道在 18 世纪，该市场每年会向长江下游的商业中心南京供给 500 万根原木。

木材供应的长期演化

早期的文献记载表明，木材很早就是跨区域贸易中的重要商品。秦汉时期（公元前221—公元220），处在帝国边缘的江南树木繁茂，已经向帝国在北部和西北的重心供输木材。汉代分崩离析后的几个世纪中，军阀割据，动乱迭生。随后，游牧民族南下，迫使中原的贵胄宗室、大族世家以及大批难民迁居江南，从而开启了中国经济重心向江南转移的过程。至唐宋时期，在长江三角洲的低地地区，人们为了开展农耕已经普遍砍伐了森林。[1]

宋代（960—1279）的木材消耗剧增。官府需要木料来修建衙署、城墙、水利设施和造船，而平民则将木材用于建造房屋、棺材、船只、家具和提供燃料等用途。11世纪，北宋都城开封的木材需求主要靠秦岭北部和长江中下游的森林来满足。[2]北方地区建立游牧的女真政权后，新的南迁周期开启，江南的农业和商业得到进一步发展。木和竹是宫殿和民房等中式建筑的主要材料。在江南拥挤的城市里，偶发的大火会把成千上万的房屋烧成灰烬。直到20世纪，这仍然是城市社区面临的一个严重隐患。[3]江南和沿海地区主要的运输工具是舢板，它穿梭于运河和天然河流交织的网络中，其建造和维护需要各类木材的稳定供应。[4]

城市以及越来越多的集镇对燃料、家具和建筑材料不断扩大的需求耗尽了附近的天然森林，木材进口变得不可或缺。南宋的都城杭州需要从安徽、浙江、江西和福建的山区获取木材。在杭州的候潮门，钱塘江的支流穿城而过，与大运河相连，应运而生的木材市场一直活跃到清代。造船业也是湖南和江西木材的主要供应对象。[5]在长江下游的集镇，运输成本是决定木材价格的主要因素。筏运是运输大量木材的最经济的方法。因此，毗邻四通八达的河流的山地森林最先遭到砍伐。在人口稠密的江南地区，经历过砍伐的山谷和缓坡变成了农田。然而，在其中一些地区，较低的运输成本和邻近消费市场的便利推动了以市场为导向的树木栽培。在多山的州府，如浙江西部的处州和安徽南部的徽州等，发展出系统的人工种植林，以杉木为常见树种。这一新的发展出现在宋代。在这些地区，林木覆盖的高地逐渐被据为私产。[6]

到了南宋（1127—1279），徽州及其周边地区的杉木造林基本上已经商业化。树木被视为一种经济作物，不再是毁林开荒的副产品或为满足自身家用而零星种植的产品。12世纪，在徽州为官的范成大注意到，休宁县山中的当地人多以种杉为业。[7]徽州、处州及附近各州出产的木材，沿钱塘江顺流而下至杭州，沿途的榷关对此课以木税。[8]12世纪后期，许多徽州人通过这条贸易路线发家致富，徽州木商的名号首次享誉全国。[9]朝廷对运输途中的木材征收10%至20%的税，通常以实物税为主，以满足国家兴办土木的原料需求。在需要的时候，朝廷还在长江下游的木材市场或上游的伐木中心直接采购木料。[10]途经严州的范成大曾感叹，徽州木商在此处的税关遭受了商旅延滞之困和付出了高昂的物质成本。严州的榷关位于从徽州至杭州的通衢上，木税成为当地财政收入的重要来源。[11]

人口增长、城市化和农业耕作持续消耗着长江下游地区的少量森林资源。浙江西部和安徽南部的植树造林越来越难以满足江南日益增长的木材需求。与此同时，华中和华南的边地自南宋起就沿袭了与长江下游区域类似顺序的发展模式，从移民定居到森林砍伐再到转向农业生产。在元（1279—1368）和明（1368—1644）两代，来自东部省份的移民继续涌入湖南和四川。明代以来，在贵州、云南和广西建立的卫所以及之后建立的行政机关吸引了汉人来此定居。[12] 这些变化稳步地将江南木材供应的地理范围向西南延展。[13]

明清时期，贵州大部分地区、湖南西部和四川盆地周围的山脉从偏远的皇家大木资源区转变为投机商人所青睐的名贵木材的采伐地，最终又成为大众市场所消费的大量常规木材的供应地。为了追求用于宫殿建筑的大木，朝廷在偏远山区率先进行了勘探和采伐。随着时间的推移，商业资本追随国家的步伐接踵而至，将市场网络扩展到更多的边地，国家得以从"生产"过程中解放出来；反过来，国家也愈发地依赖货币手段，通过市场购买来满足其对木材的需求。

明代的皇木采办

15 世纪初，明代第三位皇帝永乐决定将都城从南京迁至北京，这给朝廷的木材供应带来了巨大的挑战。南京位于长江和大运河的交汇处，是自宋代发展起来的木材贸易网络中蓬勃发展的枢纽，而新的都城位于森林砍伐殆尽、远离木材产地的华北平原。在明代的头几十年里，由于战乱危机、人口减少和不利的财政政策等因素叠加，市场和商业普遍衰退，这也限制了国家在市场购买方面的选择。[14]明廷建设新的都城需要大量巨木，这一迫切的需求进一步加剧了皇木采买的困难。宏伟的宫殿和庙宇需要尺寸巨大且质量上乘的木料来建造承重的梁柱。获取巨杉已然困难重重，而明代的皇家美学更将楠木视为皇家建筑的绝佳木材，这种珍贵稀有的树种只有在中国西南一些人迹罕至的原始森林中才能找到。[15]如此巨大的需求给伐木和运输带来了巨大的挑战。

明初，国家通过两种途径获取木材。它最初在榷关向运送商用木材的木筏征收过境实物税。由于明初区域间木材市场的规模有限，这些实物税并没有为国家带来多少木材，更不用说至 15 世纪晚期，这些实物税越来越多地转化为以白银支付的货币税收。尤其突出的一点是，它们无法满足国家对大木的需求。因此，明廷常常不得不采取第二种方法，即直接从偏远的森林（特别是西南诸省）采伐大木。当一个重大的土木建设工程开始时，朝廷会委派专职官员督办招工、山脉勘察、砍伐和运输的整个过程。在 15 世纪早期，用于修建北京紫禁城的巨木是从四川、湖南和贵州的老林中砍伐下来的。嘉靖（1522—1566）和万历（1573—1620）时期，朝廷在这些省份搜寻大木的活动达到另一个高峰。[16]然而，到了 16 世纪晚期，由于楠木的供应量大大减少，已不再可能完全用楠木建造大型建筑。楠木仅仅被用于建造最大最显眼的梁柱，而建筑结构的大部分则用杉木建造。[17]

24

在 16 世纪，明代的经济整体上已经从开国初期的困厄中恢复过来，并迎来了一个新的繁荣时代，历史学家称之为"第二次商业革命"。这次变革持续到 18 世纪，虽然有些许中断，但在规模和范围上超过了之前的唐宋转型期的商业发展。[18]生产力的稳定增长和全国性工农业品市场的形成刺激了区域专业化。国外白银的流入促进了贸易的货币化和扩张。木材的生产、交易和消费都是这一宏观发展趋势的一个组成部分。随着人口的增长、农业聚落的扩大以及区域生产专业化的加深，木材消费的地方性减弱，变得更为依赖跨区域贸易。到 15 世纪晚期，跨区域的木材市场已经开始恢复到宋代的水平，将江南的消费中心与安徽、浙江、江西和福建的森林连接起来，木材生产也成为专业化的地方产业。宋代出现的商业造林扩展到更多的地方。专业的林场致力于栽培树木，将砍伐的木材供应远方的消费者。[19]虽然常规林场足以提供普通尺寸的木材，但大木潜在的高利润吸引了商业资本将木材贸易网络扩展到更偏远的原始森林。西南山区在明初是官员探寻皇木之所，而到了 16 世纪，投机的木商们也常常接踵而至。

活跃而广阔的木材市场为朝廷提供了另一种选择，即不必直接参与伐木的过程。在 16 世纪，朝廷越来越倾向与木商签订木材采购合同，后者收取官府的资金，并按照要求交付特定数量和品种的木材。到明末，国家通过这些商业代理人在市场上购得大部分的杉木。[20]国家转向市场采购和木材贸易的扩大是相辅相成的。虽然只有当市场发展到一定规模时国家才能开始倚重商人，但一旦确立了代理机制，国家的订单和资金会进一步推动商

25

业资本向西南的扩张。随着市场的不断扩大和成熟，其稳定的木材供应足以满足国家的大部分需求，国家也就不必直接管理森林或监督伐木过程。这些趋势一直延续到清代，那时国家从市场购买木材的方式已衍化为一种常规制度。

帝国扩张与边疆的木材贸易

西南边疆被纳入跨区域的木材贸易体系，这不仅是经济力量发展的结果，也是明代国家扩张这一更大的政治和社会进程的一部分。起初，西南边地在蒙古人入侵南宋的军事行动中沦陷，之后历朝历代逐步将其置于更严格的行政和军事控制之下。明清统一西南地区的行动源自多个动机，包括抵御蒙古和西藏的威胁、获取矿产战略资源和其他自然资源，以及通过汉人的迁居来缓解人口压力。这片广阔的区域——包括后来变成行省的贵州、云南、四川的山脉，以及广西和湖南的西部——并非杳无人烟，而是千年来不同民族的定居之所。虽然官方史书呈现的是民族同化的宏大叙事，但历史学家业已揭示出，帝制晚期的国家集权统治的努力不断受到当地群体和环境能动性的抵制、调和与制约。[21]

明代遵循先制，在西南通过土司制度承认当地世袭土著首领的统治，从而实现名义上国家控制的扩张。在整个明代和清初，国家采取各种军事和政治策略来处理地方起事、分化大土司的势力以及限制他们的自治权。明代还在西南地区推行卫所制和军屯制，鼓励汉人从中原向西南迁居。这些措施在 18 世纪初达到顶峰，清代的雍正帝决定开展大规模的"改土归流"，这一运动曾在明代和其父康熙统治时期以有限的形式开展，此举旨在废除土司，改由国家任命的流官直接进行行政管理。然而，雍正帝雄心勃勃的举措却引发了苗民的起义，清廷花了十年的时间才将其镇压。[22] 与这场镇压一样，几个世纪以来明清朝廷在西南开展的其他大规模军事行动都需要在基础设施建设和当地情报收集等方面投入大量的资金。当初为了便于国家的军事行动而建设、整修、疏浚的道路和河流，后来成为便于平民和商品流动的必要条件。有关当地环境、交通线和民族志的志书，无论是官方编纂的还是民间商业性出版的，都为前往西南的旅行者提供了指引。[23] 随着国家的军事介入、行政改革以及断断续续的移民计划的开展，西南边疆经历了巨大的经济和环境变化。[24]

汉人木商前往西南日益便利，与此相关的最重要因素是交通条件的改善、对当地局势更好的了解，以及他们更熟悉的行政架构的建立，这些在不同程度上都是国家扩张的副产品。位于贵州东南和湖南西部的沅江流域就是一个典型的例子。这里的山区森林密布，苗民世代居住于此。18世纪，在雍正皇帝军事镇压了苗民起义之后，沅江流域开始为国家和民间提供大量的木材。[25] 朝廷在刚刚平定的"苗疆"上建立州县制度，引入了汉人商贾所深谙的行政原则以及儒家士大夫的权威。汉商们知道如何与士大夫打交道，尽管这并不意味着他们总能得偿所愿。

在18世纪30年代平定苗民起义的军事行动中，动员当地劳工疏浚沅江上游的河道是该地木业发展的一个重大事件。[26] 疏浚工程本是为了促进军队调配和物资运输，但也为沅江河谷的森

27   林资源开辟了进入长江水系流域的运输路线。自此之后，沅江地区出产的木材，即所谓的"苗木"或"西湖木"，在满足下游市场的需求和清廷的皇木采办中变得越来越重要。

清代的贡木制度

      随着康熙最终平定了华南和西南的三藩之乱（1673—1681），清廷终于有了获取南方森林资源的可靠渠道和财政手段，可以借此来重建毁于1679年地震的紫禁城太和殿。虽然原定的重建计划是使用数千根楠木，但被派往四川勘察森林的官员们报告说，山中几乎已无便于开采的现产大楠木，而从深山中运输木材又异常困难。1686年，康熙决定放弃前朝那般对楠木的迷恋，转而以松木和杉木替代。事实上，早在16世纪，随着楠木的日益稀缺，杉木就经常作为楠木的替代品被用在明代皇家建筑中。这一发生在康熙统治初年的事件，标志着官方直接督办南方皇木的勘测、采伐和运输活动的结束。

      此后，江苏、浙江、江西、湖南四省以市场采购杉木为基础的常态化贡木制度提供了皇木的主要来源。作为对这一制度的补充，朝廷偶尔会委派官员到四川和贵州的深山中搜采大楠木，但其规模要比明代的楠木采办小得多，这些楠木只是用作建造宏伟宫殿中少数巨大的建筑构件。[27] 清代沿袭了在明末已现端倪的趋势，在皇木采办中更果断地选用新的树种和新的采办方式：杉木被选中了，这是比楠木更常见且更容易再生的树种，朝廷可以直接从市场上购买而不必进山砍伐。

　　清代通行的贡木制度在官方文献中被称作"额木""年例木植"或"钦工例木"。民间俗称"皇木"。这一制度由工部负责，自 1687 年遂成定制，一直延续到 1911 年清覆灭。[28] 到 1687 年，江苏、浙江、江西、湖南四省都确定了每年办解木植的数额、木材规格和官方定价。各省岁解的数额到清末一直保持不变（除了江苏的办解数额在 1698 年有小幅增加）。[29] 四省的督抚分别委任一名负责木材进贡的专员，通常是州县一级的官员，后者以指定的官方定价购进木材，并将之运送到北京附近通州的皇木厂。[30]

　　杉木是贡木制度唯一需要的树种。朝廷每年总共接收 7400 根标准规格的例木、1200 根大尺寸例木。根据原木的长度和圆围，例木被分为四类（表 1.1）。根据杉木的年际径向生长规律，拟合每类例木需要的尺寸，就可以估算出杉木大致的树龄。然而，对杉木年际生长规律的研究不多，尤其是对树龄几十年以上的研究更少。本书使用了 2012 年一项研究中的树龄—直径模型。[31] 在该研究的杉木样本中，树龄最大的在 80 年左右，周长约 80 厘米（2.34 尺，即树木胸径 0.75 尺）。按照清廷的例木规格，它优于第三类但又不及第二类，第二类至少要有百年树龄。

　　第一类例木是"桅木"，指从上到下均匀粗壮的长木，通常取自已经生长数百年的木植。虽然偶尔会被官办造船厂用作桅杆，但大多数桅木都被用作皇家宫殿、庙宇和陵寝中最大的厅堂的承重柱。第二类例木是"杉木"，是取自百年到两百年树木的长木。它们一般被用作皇家和官府建筑的柱子和横梁，有时被切

28

割成木板用于造船。[32] 这两种顶级木材在木材市场上是稀罕物，市场上的木材大多树龄在几十年，它们是商业化的林场种植出的木材。最次的两类例木是"架木"和"桐皮槁"，通常是树龄在20年到40年左右的树木，在木材市场很容易获得。"架木"得名源自它们被用来搭建仪式或科举所需的临时架子。它们在使用后通常会被回收到皇家木厂。[33] 细长的杉木通常被称作"杉槁"，"桐皮槁"是杉槁中的优质品种，色泽偏红，有着与中国梧桐相似的树皮，通常被锯开，用于制作家具或器具。[34]

29

表 1.1   每省办解木材的数额

类别	长度（尺）	圆围（尺）	胸径（尺）	树龄	湖南	江西	江苏	浙江	总计
桅木	60	4.5	1.5	数百年	20	20	20		60
杉木	30	3.9	1.3	大于 100 年	380	380	380		1140
架木	30	1.5	0.45	30—35 年	1400	1400	2400*	1400	6600
桐皮槁	25	1.3	0.4	25—30 年	200	200	200	200	800

资料来源：光绪《大清会典事例》
注：1698 年，江西的架木办解数额从 1400 根增加到 2400 根。左起第一至第四列是官方对每种原木要求的长度、圆围和胸径。如果史料中只提及圆围，那么胸径可以通过圆围除以 π 来计算，反之亦然。左起第五列是基于中国杉的平均周长增长模式规律估计的树龄。左起第六至第九列是湖南、江西、江苏和浙江四省每年的配额。

不过，以上所述的这些原木的用途仅限于皇家和官府，并不能代表平民如何使用它们。在民间的木材市场，"桅木"和"杉木"绝对是奢侈品。最常见的交易木材的圆围在 1 尺到 2 尺之间（胸径 0.3 尺至 0.7 尺），为御用例木规格的四类之下到三类之上不等。在普通的民用建筑中，"架木"甚至"桐皮槁"都可以用作房屋的承重结构。在第二类和第三类之间，圆围 2 尺至 3 尺

（胸径 0.6 尺至 1.0 尺）的长木适用于民间造船，后来在 20 世纪早期，它们被用于制造电线杆和路灯柱子。[35]

理论上，清廷应该根据各省地方物产的情况来分配进贡任务。朝廷无论是在象征意义上还是在实质上，都享有一个跨越多个生态区和具有多元地方性的帝国所带来的财富。以贡木为例，对湖南和江西这两个最大的木材出口省份的办解数额就可以这样理解。然而，浙江和江苏之所以被列为办解省份，并非因为它们靠近木材产地，更多是因为两省拥有丰富的财政资源且管理着最主要的木材市场。浙江从一开始就被纳入贡木体系，是因为杭州在明代就是大运河沿岸的重要木材市场。但很明显，浙江能够采办的木材仅限于安徽南部和浙江西部山区所种植的中等大小的木材。其他三个省份需要办解"桅木"和"杉木"，而浙江从一开始就不必供输这些大木。

普通品种的"架木"和"杉槁"是四个省直接从其辖下的木材市场采购的，通常由牙行承办。浙江依托杭州的木材市场，而江苏则倚靠南京，后者是长江下游最大的木材集散地。湖南和江西都有丰富的木材资源，所以为了降低成本，交易都在采伐地附近完成。在江西，采买例木的任务落在赣州知府身上。赣州府位于江西南部的山区，其木材沿着赣江北上进入长江。[36] 在湖南，来自湖南西南部和贵州东南部的木材沿沅江运输，并在常德府汇合，然后进入洞庭湖。清代的常德木材贸易繁荣，从 18 世纪后期开始，湖南例木的采购主要由常德府佐（同知或通判）负责。[37]

30–31

虽然较次等的两类木材可以很容易地从这些民间市场获得，

但奉命办解"楠木"和"杉木"的三省必须花更大功夫来满足每年额定的要求。湘黔边地平息苗民起义的十年后，即1746年，湖南办解皇木的官员开始从苗疆采办所需大木，这很快成为惯例。湖南巡抚杨锡绂（1700—1768）于1747年解释道：

> 缘楠杉二木近地难觅，须向辰州府以上沅州、靖州及黔省苗民境内采取；架槁二木则需在常德聚木之处购办，而扎牌架运经历江湖黄运各河，又须备木帮护，以免沿途磕触伤损。[38]

江西和江苏面临的困难比湖南更多。最迟到18世纪20年代，工部开始抱怨江西和江苏所供原木的数量不足且质量低劣。质量上的缺陷有时会用货币折算，负责办解皇木的官员要自掏腰包来赔偿。例如，在1724年江西交付的1400根架木中，质量残次的有170根，负责官员按官价的三分之一交纳了罚金（每根0.067两，共11.4两）。[39]对于大木，数量不足和质量残次无法用财政付款来抵偿，而是必须在未来补齐缺额。每年交付的原木的数量首先根据长度、厚度或纹理上的任何缺陷来折算，由此在账簿上记录下的"完额"数通常带有小数点。然后将这个数值与该省应解额度相比较，如有欠缴则需要在未来补齐。1741年，在当年额解之外，江西还一并交付了先前在1735年、1738年和1739年欠缴的木料，其中楠木14.56根、杉木206.42根。[40]

将原木数量按其质量进行折算的做法促使江苏和江西交付更多数量的小尺寸原木，虽然品等不足，但折量后仍能满足额解要求。例如，江苏在 1754 年交付的 20 根楠木都不达标准，但是，这个不达标的问题在补交了 10 根同样的楠木之后就迎刃而解了。[41] 工部对这种越发普遍的做法不免感到担忧。在 1765 年的一份奏疏中，工部侍郎抱怨道，虽然允许"折算添补"，但日益依赖这种做法将不可避免地导致御用的大木严重短缺。为此，谕旨颁布了一条新规，要求楠木必须符合标准，"折算添补"的做法只适用于少量原木。朝廷虽然强化了楠木的标准，但考虑到各省面临的困难，对其他等级木材的要求则有所放宽。其余三等例木的解额中，每等又分为三类，第一类遵循与原始规格相同的标准，而第二和第三类的解额标准则略有降低。[42]

　　江西、江苏两省为应对办解大木的挑战，越来越频繁地依赖木商采买代办。来自江西、江苏的商人代办，同湖南办解皇木的官员一样，经常出入湘黔交界的苗疆。[43] 来自湖南、江西、江苏的代办进入苗寨，仍是在当地现有的市场上采买。与明代和清初的做法不同，他们没有直接组织人力深入山林，从采伐、运输干起。1777 年至 1781 年，时任长沙通判的英安被委派负责采购和运输湖南的皇木。他在手稿《采运皇木案牍》中记录了两次采办例木期间的活动和通信，这篇文献详细地描述了湖南皇木采运的做法。[44] 在对比了从市场采买大木与直接从林中采伐之后，英安评论道："惟有楠木最所难得，价亦无定，有十两以上的，有廿两及三五十余两的，总只要有买。去坎青山，盘费浩大，多有坎青山，算来不如买平水的。"[45] 这种完全依靠市场的做法仰赖于木材贸易的日益商业化，即便在这些偏远地区也是如此。

33

官办额费不资

数额固定的库银额费远不足以支付采运盘费。不仅运输成本没有计算在内，官方采买价格也比市场价格低不少。工部颁布的《物料价值则例》有助于我们大致了解皇木官价偏离市价的程度。该则例汇编于 1769 年，作为公共建筑成本估值的参照，它记录了下至县一级的建筑材料、运输成本和劳动力报酬的市场价格。该则例的编纂始于 1761 年，目的是调查市场价格并作为统计清单提交给工部，它是朝廷尝试要求各省和县府应以市价采购必要材料和雇佣劳动力的一个环节。[46] 在湖南奏报木材市价的六个县中，木价最低的是靖州宜章县（见表 1.2）。宜章县是沅江流域的木材输出县，它代表例木采买地区市场价格的下限。不过，即便这些市价的最低价也远高于皇木采买的固定官价。

对于普通的"架木"和"桐皮槁"，湖南例木采办的官员以较低的官价强制从途经常德的商运木筏抽征，每百根木按官价抽征一到两根。这种官府抽征实质上是对商业木材征收的过境税。然而，对于大木，官价和市价之间的差异给委办皇木的官员带来了更大的挑战，因为他们无法从普通商运木筏中抽取这类木材。1729 年，辰沅靖道的道台王柔奏报的"楠木"和"杉木"的市价比官价高出数倍，这是他从湖南例木采办官员的支出账簿中获得的信息（见表 1.2）。[47] 在 18 世纪 70 年代，一根好的楠木即便在贵州也要卖到 50 多两，而官价却只有 20 两。[48]

表 1.2　进贡木材的官方价格与市场价，单位：两 / 每根原木

级别	次级级别	长度（尺）	圆围（尺）	官方价格			市场价
				1687	1759*	1798*	
桅木		60	4.5	24	21.45	21.45	40—170[a]
杉木		**30**	**3.9**	**10.8**	**8.99**		**26**[a]
	第一等	30	4.1			8.99	
	第二等	30	3.8			8.29	
	第三等	30	3.5			7.57	>10[a]
架木		**30**	**1.5**	**0.24**	**0.23**		**0.39**
	第一等	30	1.6			0.24	0.41[b]
	第二等	30	1.4			0.21	0.35
	第三等	30	1.3			0.18	0.31
桐皮槁		**25**	**1.3**	**0.16**	**0.15**		**0.28**
	第一等	25	1.4			0.16	0.30[b]
	第二等	24	1.3			0.14	0.27
	第三等	23	1.1			0.12	0.22

资料来源：除注释外，均来自光绪《大清会典事例》

注：加粗行是次级级别在 18 世纪 60 年代引入前的，因此 1687 年和 1759 年的水平和价格适用于整个级别；

* 各省平均水平。一般而言，湖南和江西的官方价格比江苏和浙江的更低；

a 1729 年湘西常德的市场价，来自辰沅靖道道台王柔的奏折，《清代宫中档奏折及军机处档折件资料库》；

b 架木和桐皮槁的市场价，通过湘西靖州宜章县的杉木原木价格而推算，《湖南省物料价值则例》（1769 年）。这条史料列出了每个县六种不同规格的杉木原木的价格。这些规格近似于架木和桐皮槁的分类，但是并不完全对应表中的每个级别。不过，每个县的定价似乎遵循了一个统一的单位价格，云南府的《物料价值则例》中也以此为定价原则。该单位并不是体积，而是以半径乘以长度，也就是以平方尺为单位。可以推测出宜章县每平方尺杉木原木的单价为 0.027 两。湖南另外五个有该项价格信息的县的市价要高得多。资料来源：物料价值则例数据库。

　　负责采买皇木的官员偶尔会试图凭借地方官的威权迫使上等的"桅木"以低价出售。但各省的代办和其他木商都在争夺稀有的大木。结果就是，这种强制力在卖方市场的效果微乎其微——

最终的价格可能只比开价低个几两而已，仍然比官价高得多。[49]
通常情况下，皇木采办官员在市场买入的大木会以高价成交，因
为他们担心一旦错过就可能没有足够的木材来完成皇木的解额
了。正如英安对其派往靖州的亲随所建议的那样：

> 其（在靖州）所买桅木价银，较苗内似觉稍贵。然只
> 好木，则公项可无虑矣。弟处遇有桅段，自当尽买，断不放
> 松。惟靖州买价，切勿实告托口客人等，恐传说到此，将来
> 难以购办。[50]

显然，英安亟待完成木植的办解，即便超出库银资费，他也
愿意支付更高的市价（他是如何做到收支平衡甚至从中获利的，
我们将在下一节讨论）。从英安的建议中，我们也可以看出一个
例木采办官员对市价差异的敏锐感知和对限制商业情报传播的警
觉意识。皇木的采买应理解为皇木办解官员整体经营运作的一部
分，其最终目的是盈利。

官僚企业家

为解决官费不足的问题，四省各自制定了不同的方案。江西
从地方官员的"养廉银"中抽取额外经费。随着经费的增加，皇
木采买改由私商承包代办。[51]江苏将有限的库银经费交由南京
主要的木业行会托管，后者负责承办全部解额，并缴办将木材北

36

运至皇木厂的所有运费。反过来，从木筏上抽取各类木料的数量和成员商号认捐的税银数额都由木业行会作出规定，通常是按成员商号的规模累进计算的。而湖南则允许采木官员在完成官差的同时进行私人木材贸易，这使得官费有限的采办差事仍然诱人。[52]本节主要考察湖南皇木采办官员的做法。

在湖南，参与皇木采买、运输的人员——包括采木官员、下属胥吏、采运木夫等——都可夹带其私人木材随官筏同运。[53]官府给出的合法理由是，这些私有木筏被称为"护木"，意在漂浮在皇木木筏的四周，跟随护卫，使皇木免受礁石撞击的损坏。如果最后在皇木厂的检验中发现例木数量不足或质量低劣，还可以从这些私有木材中抽取一些来补足差额，这样就不会将缺额累积到日后。虽然皇木在权关是免税的，但这些夹带的私产原则上应按正常税率申报和课税。[54]

而事实上，采木官员并没有将官差公务与私人买卖分开处理，相反，两者合二为一，成为整个办木过程中不可分割的部分。官差公务与连带着的私营买卖机会捆绑在一起。虽然及时交付皇木带来的晋升和对延误交付的严厉惩罚可能会促使官员们避免因参与更多的私人交易而在沿途停留太久，但采木官员们日常的算计还是集中在如何将办差的收益最大化，而例木解额不过是其中的固定成本。[55]

英安的差事揭示了这种以盈利为导向的营商思路。英安的策略是，他和他的几个亲随丁役分散在各地采买。英安和一名丁役留在常德的大型木材市场，从途经常德的商运木筏上征抽普通木材。另一名丁役驻扎在沅江上游的木材市场托口，同样抽征普通

37 木材并尝试购买一些"杉木"。还有一名丁役去到更远的贵州清
水江流域的锦屏县木材市场，通过当地通晓苗语的牙人，从苗民
卖家那里购买"楠木"和"杉木"。其他的丁役可能会走访靖州、
辰州或其他木材产区，根据市场情报了解大木的供应情况。例
如，前文引述英安书信中的一段内容就是他给在靖州的丁役的指
示。[56] 这些丁役除了协助英安的生意之外，他们也有自己的投
资。虽然英安和他的丁役们共享信息，并在生意决策上相互出主
意，但他们的资本仍然是各自独立的，而不是集中在一起的合伙
关系。受雇的运夫也夹带着他们的私人木材在沿途售卖。此外，
英安本人的经营资金来自月利率 3% 的私人借贷，这表明他的业
务基本上是私人性质的。[57]

在例木定额之外的私人采买需要敏锐地感知不断变化的下游
市场，特别是要紧盯南京市场的状况。英安的一个丁役的任务是
及时获取和告知南京的木材价格，以便英安能够"通盘筹算"。[58]
他根据南京的预期价格来评估眼下的交易："再楠木内……一个
则长及七丈，圆围有五尺（胸高直径 1.6 尺），核之龙泉码价，要
卖十六两零三分，一贯且作十贯而论，则到南京亦值一百六十余
两，似此算来，（卖家要价）原不为贵。"[59]

尽管"楠木"利润可观，但这种上等木材的需求和价格并不
像普通木料那样容易预测。因此，英安指示其丁役们，在办解足
额外，除非"楠木"的价格足够低廉，否则不必设法多加购入，因
为"楠木"这种稀缺品"实系一家货，总缘价贵，难以出售"。[60]
他们的私营生意标的还是以面向大众市场的标准原木为主。在
英安的时代，汉口已成为长江沿线一个新兴的木材市场。[61] 英

安及其丁役计划到达汉口时售卖一部分木材，以减少向下游的九江、芜湖和南京诸关缴纳的税银。[62]他们还与在贵州采买木材的徽州、江西商人建立了良好的关系，希望他们抵达南京后能依靠这些木商行家提供市场信息和生意关系。英安尤其与一位名叫胡廷魁的徽州商人关系良好，"即木行利弊，又深承指教，将来南京一切犹可藉为耳目"。[63]此外，英安还兼营为其他商人代运木材到南京的业务。他负责运木沿途的各项事务，包括在三个榷关申报缴税，以及提供船夫并支付工钱。这种安排对双方都有利，官府可借商木作"护木"，而商木又可借搭皇木簰筏便捷通关。当然，英安本人也可从中获利。[64]

皇木采办不仅依赖市场，而且更像是采木官员的私营生意。国家选择睁一只眼闭一只眼，只要代办人的逐利活动不扰乱正常的市场秩序且不妨碍皇木准时运达就行。然而，到18世纪中期，这种乱象越来越引起各省官员的注意，他们指出了采木官员获取私利的几种不当行为，包括为了一己私利而强行低价收购，以及在南京长期逗留以出售私木，"每有在途经年尚不到京之事"。[65]尽管朝廷接连敕令约束，但要求及时运木的朝廷、谋求私利的采木官员以及迫不得已低价售木的商人之间的紧张关系，仍以各种形式在不断的谈判与调适中上演。

官商角力

官员们承认，以官价从市场上采买皇木对木商来说是一种负担。商人经常与主管官员谈判，以决定来自不同市场或地方的商人如何分担解额。这类谈判集中在"公""力"两个方面：负额更重的团体会试图争取让其他团体共同分担，那些被要求分担的团体会试图以无能为力为借口推脱，而官员们则努力在两者之间取得平衡。[66]

1814 年，发生在湖南的一场纠纷上达天听，它揭示了采木官员在市场上采买木材时会陷入的各种紧张关系。[67]争端的起因是官方对本地和长途贸易的木商抽征木筏时所执行的费率有差异。自 1774 年起，湖南布政使规定，在常德的木材市场上，采木官员可以按官价购买，从湖南木商的每 100 根原木中抽征 2 根，但从徽州和临江木商那里则是每 100 根原木中抽征 1 根。徽州和临江木商是整个 18 世纪主要的两个流动木商集团。本地木商与外地木商之间的区分，最初可能是因为当时本地木商只在沅江沿岸贸易，还没有进入长江一线的长途贸易。[68]徽州和临江木商更优惠的抽征率可能是考虑到他们后来必须途经其他税关。出于同样的考虑，1808 年，安徽宿松的一批木商也按照外地木商的较低抽征率缴税。

到 1812 年，随着越来越多的湖南木商参与长江沿线的长途贸易，他们愈发强烈地感到自己与外地人相比处于劣势。[69]受到宿松商人的成功的启发，某个当地木商的雇员李道远通过向其他湖南木商求取捐资，联名向巡抚衙门发起倡议，要求同等的抽征税率。李道远以个人名义承诺，无论结果如何，所有捐资助议的商人都可以获得按较低的税率纳税的机会。这一要求最初得到巡抚和布政使的许可，但在采木官员声称无法在低抽征率的情况下办解例木数额之后，许可被撤回了。四名木商受到李道远的承诺和巡抚的最初准许的鼓舞，在常德市场被采木官员的丁役拦住后，他们试图拒绝上交 2% 的抽征数额。然而，在衙役的恐吓之下，他们最终接受了抽征，还被丁役勒索了一笔贿赂。

愤怒的商人们寄诉讼的希望于剪元吉，后者自愿用他的名义在京城工部起诉了该名采木官员及其丁役。剪元吉指控该官员有"私设德山关，大张旗号，白抽木植，旋抽旋卖，夹带私木瞒关漏税，簰役需索规礼银钱，砍断篾缆"等一系列渎职行为。[70] 工部在接到剪元吉的申诉后，将案件移交给了湖南巡抚广厚，由他最终判决。结果提起诉讼的李道远和剪元吉二人被判处数罪，包括包揽诉讼（"包告"）、捏造证据，以及"诈欺官司取财"。李道远被判杖九十，剪元吉被判杖一百徒三年。索贿的丁役也受到相应的处罚。其他木材商人被认为是被李、剪二人蒙蔽欺骗，故而得以赦免。对湖南当地木商实行 2% 抽征率的事实并未改变。

这个案例说明了一些普遍的问题。抽征率的规定本身就表明，国家承认官买实质上就是课税。木商对采木官员的不满在于后者把个人利益和官差公务混为一谈。采木官员试图以低廉的官价尽可能多地采买木材。英安的记录清楚地表明，他购买的所有木材，包括他私人购买的木材，都刻有"上用"的官印戳记。这种不加区分的做法意味着他私人购买的木材可以规避在榷关纳税的要求。[71]

湖南巡抚广厚在他的判词中承认了这一核心矛盾，但仍为采木官员辩护，说私木作为"护木"是不可或缺的。除了为皇木

40

提供缓冲保护之外，"护木"带来的利润也殊为必要，因为这可填补昂贵大木和高昂运输成本造成的官费亏空。至于多少数量的"护木"才算合理，多少数量的木材算是过度逐利，这都不是巡抚衙门所能明确和辨别的。例如，在苗疆的大木利基市场上，卖家推算官员采买大木的数量相对容易，他们在知道官员已经采买完额的情况下，会拒绝放弃其他竞价买家给出的高价。[72] 相比之下，途经常德的木商就很难这样做了。与此同时，不论采办是否已经足额，统一的抽征率（虽有本地和外地之别）本身就在相互竞争的木商之间提供了一种公平感——竞争对手没法通过将运输日程推迟到采办足额后来逃税。

41

　　本地商人和外地商人抽征率的不同能被长期接受，是因为他们在完全彼此独立的市场上经营，相互之间没有直接的竞争关系，而且他们的区别也可以很容易地从簰筏的大小和样式上判断。徽州和临江商人要长途运木，沿途要经过数个榷关，所以"徽临两帮所买之木，均将大头削光，招招扎紧，以省关税"。在下游的主要榷关，税收大致是根据簰筏的大小而不是确切的木材数量来判定的。相比之下，本地木商所运之木"皆不修饰，亦不论大小弯曲，一概买之"。考虑到外地商人和本地商人的这些显著差异，"即可杜山客冒充徽临（以逃避更高抽征）之弊"。[73] 然而，当本地商人开始向长江中下游市场拓展业务时，原本基于本地和外地差异的税率划分和识别方法就被打乱了。湖南商人不仅彼此竞争，在长途贸易中也开始与非本帮的团体竞争。当公平感不复存在的时候，纠纷也就随之而生。

　　该案件还揭示了商人对官员和衙役的集体诉讼的性质。尽管国家禁止"包讼",但当平民起诉官员和衙役时,"包讼"的做法就很普遍。在这两起诉讼中,大多数木商都捐募资助,但在诉讼过程中隐去姓名。如果申诉成功,他们都将受益,但如果申诉失败,匿名将保护他们免受惩罚。主动站出来的两个人虽然有一些木材贸易的经验,但他们都不是大木商。李道远是木商的伙计,剪元吉以前是衙役,被解雇后只做过一些木材零售的生意。

　　对此可有两种解读。有可能正如湖南巡抚奏报的那样,李、剪二人是始作俑者,商人只是借机参与。代包诉讼的协议是两个无关方自愿达成的。另一种情况是,这起诉讼实际上是由商人们发起的,虽然这一情况在史料中无法确认,但仍然符合情理。他们的策略是在幕后筹集资金,指定一名伙计或雇一个代理人提起诉讼,以免去金钱以外的风险,因为他们知道"包讼"的惩罚将落在受雇的代理人身上。在这一案件中,我无法确定哪种情况更接近真相。事实上,对于一般的"包讼"而言,这两种情况都可能发生。无论是哪种情况,它都为商人提供了在高风险的司法诉讼中博弈的选择,尤其是在针对有权有势的官僚系统的时候。

漕运中的木材贸易

　　为了从更为普遍的角度理解采木官员在官差公务之外所从事的私人生意,让我们来看看漕运中的类似现象,毕竟漕运在清代财政体系中所占的地位远比皇木采办重要得多。国家官吏和受雇的水手经常在漕运路线上兼营运输和私贩生意。木材是这类副业所涉及的众多商品之一，但与其他商品相比，它的体积过于庞大，有时会因堵塞河道交通，导致漕粮无法按时抵京而惹恼朝廷。

漕运制度——即国家将税粮运到京师或边疆的军事驻地的制度——与帝制中国的历史一样悠久。在清代，每年从安徽、河南、湖北、湖南、江苏、江西、山东、浙江八省所收的漕粮约有15万到20万吨。漕粮通过水路（尤其是大运河和长江）运抵京师。[74] 和明代一样，清代国家依赖的漕运系统完全是由官府控制、由官吏经营，而不是依靠商人代办。从事漕粮运输的船工运丁总数从7万到12万不等，其中大多数来自拥有屯田土地的世袭船户。船工运丁的工钱和行粮都很微薄，连路费都不够，更不用说养家糊口了。[75]

43　　　　为了弥补微薄的官府补贴，船工运丁被允许在为官府运粮时携带一定数量的私货。[76] 漕粮船队的官员和船工运丁能够在沿途的市场上进行多种交易，成为促进南北经济交流的重要力量。此外，由于运粮船优先通过大运河沿线的堤坝和船闸，且被准许一定额度的免税，一些牙人就专门安排把私货装到运粮船上，一种专门的运输生意应运而生。[77]

在漕运中，国家政策的基本原理和所遭遇的问题与皇木采办制度的情况非常相似。准许携带私货量的上限一再提高，反映了国家认识到官府的银钱补贴不足，这是为了减轻船工运丁的负担、防止他们偷窃漕粮的不得已之举。从本质上讲，国家没有选择通过提高正式税收而增加船工运丁的工钱行粮，而是放弃了部分过境关税，并允许船工运丁借公家的交通设施私贩营利。然而，这些私贩副业有时会引发国家的顾虑，因为它们打乱了运粮船在大运河上航行的时间计划，要么是船工运丁在大市场逗留贩售，要么是运粮船因载满私货而无法通过危险的北部河道。

木材尤其成问题，因为与其他可以装载在运粮船的货物不同，木材被扎成簰筏，并固定在运粮船两侧。虽然在宽阔的长江上，这些附带的簰筏不成问题，甚至可以很好地保护运粮船免受洪浪侵袭，但它们在狭窄的大运河上很容易堵塞交通。1737 年，漕运总督补熙提出了各种方案来解决江西漕粮船队所带木材过多的问题。他多方面的论证引述如下：

> 惟是臣等查验江西帮船于应带板木之外装载木植甚多，诘询从前皆系如此。盖缘该省粮船较之他省长大，兑米独多，一切提溜打闸顾觅纤夫需费倍重，全藉卖木之余资以供长途之费用，历来相沿职是故也。若照盖准放行，则运河非长江可比。长江水势汹涌，多带木植转足以夹护船身。运河过闸过坝，多带木植不免经行阻滞，殊多迟缓。然竟行卸下不准携带，则此项木植业于芜湖关抽分税银，一旦弃置中途，在穷丁等资本全失，必致沿途搅缠不敷或生盗卖粮米等弊，贻误漕行，又不得不预为筹及者也。且山东、北直地方向赖江广及安庆粮船所带杉槁等项木植供官民器具之用，今全行堵截实有不便。[78]

44

显然，补熙很担心大运河上的木材阻滞会延误漕粮行程，而作为漕运总督的他要为此担责。尽管如此，他还是强调了允许江西船工在运粮船上私运木材的必要性，即弥补他们高昂的运资盘费。他还担心在船队进入大运河之前强令船工处理掉私有木材是不现实的，因为他们已投入了资本，且已在芜湖关纳税。这种不合理的政策可能会遭到激烈的抵制，这会进一步推迟漕粮运抵的时间。何况运粮船所运原木还是北方各省重要的木材供应来源。

45　　　基于这些考虑，补熙反对完全禁止漕粮运船携带木材。他提出了一项宽松的政策建议，在进入大运河时，允许少量的木材装在运粮船上，其余的木材从船上卸下来扎成小排。小排可以跟随运粮船队，船工运丁可以在沿途自由销售。在补熙奏报该例的多年以后，对私货过载贻误漕运的类似控告仍会时不时引起皇帝的注意。除了重申许可的私货数额并要求任何超额的私货按普通商品标准课税外，国家基本上容忍了这类做法。[79]导致这一容忍政策的关键在于国家无意提高对船工运丁的正式补贴，因为那会使本已高昂的漕运维系成本进一步加重。

　　　因此，在皇木和漕运制度中，官员和丁役从私营副业中获得的收益弥补了官费不足的问题，他们在逐利时基本上遵循私营行业的商业规范。他们的活动既受到市场原则的推动，也受到市场原则的制约。在这两种情况下，国家都容忍甚至正式批准官吏在公务中经营私利。这是承认了正式的渠道无法满足这些差事的费用需求。如果我们按照现代意义的财政理性标准来分析，很容易给这些制度设计贴上公私不分的标签。有人可能会问，为什么不提供足够的官费并完全禁止这些私人活动呢？

　　　尽管在清代史料中没有关于为什么不这么做的明确表述，但一些重要的考量并不难理解。首先，为了提供足够的官费，国家将不得不扩大税收收入，要么提高整体税率，要么根据地点、职业或地位向社会中的特定群体额外征课。这样的举动将会挑战明清国家最基本的善治理想——好的统治者应尽一切可能维持低赋税。[80]这并不是说这一理想不能同现实妥协（妥协其实在现实中经常以不同的形式出现），而是说在清代政治家的心目中，大概没必要为了贡品管理中的小问题而陷入一个根本性的争论。其次，这将要求官费数额更加接近实际成本。固定的"官价"是行不通的。考虑到市场波动和在国家各个地区获得可靠估价的信息成本，任何国家方面提前估算某项公务的成本的尝试都是困难的。如果采用报销制度，则难免出现当地官员所报的花销多于实际支出的问题。此外，市场价格的波动会影响年度的财政核算，而清代财政是建立在制定预算和可预测性原则之上的。所有这一切并不是说清代所采用的是唯一或最好的方式，但在将其视为完全不合理的活动之前，了解这种制度背后的基本原理很重要。按照现在的标准，这种制度可能是一种"弱制度"，但作为官僚企业主义的一种形式，这种制度提供了一种在一定条件和限制下良好运作的方式，在古今中国的历史上屡见不鲜。[81]

46

本章小结

自中古时期的经济革命以来，一个规模可观的木材市场已经发展起来，将长江下游的商业中心与木材产区联系起来。随着商业中心周边腹地的天然林逐渐枯竭，对建材稳定供应的要求促使一些山区出现了专门的木材种植林，也逐渐推动了木材市场的扩大，人们从更远的森林中采伐资源。在帝制晚期的中国，区域间贸易的发展、国家为获得木材而转向市场采购、西南地区的扩张等历史进程相互联系、相辅相成。国家扩张为商业资本铺平了道路，这反过来又刺激了区域间木材贸易网络的发展。由于成熟的木材市场可以向国家提供稳定可靠的皇木，国家不必直接从森林采伐。清代国家完全依赖市场采购来获取皇木，这也意味着它的决策会受制于市场准则，市价和官费之间的差距必须通过灵活的妥协安排来化解。朝廷默许皇木采办官员的私营买卖就是这种妥协安排的结果。这表明，国家的优先考量就是在不动摇紧缩性财政体制基础的情况下确保战略物资（无论是木材还是粮食）的供应。

国家采办皇木和私人交易普通木材供大众消费之间存在着重要的差别，在现有关于木材消费和森林退化的讨论中，这一点没有得到应有的重视。[82]对帝制晚期的国家与森林的研究中经常出现对皇木的讨论。[83]考虑到恢宏的皇家殿宇和陵寝所带来的视觉冲击，以及奏折和地方志中对征召采木役工之艰辛的长篇累牍的论述，这一点不难理解。然而，现有研究并没有明确皇木采办和民间木材市场两者的相对规模。这种疏忽对华南的广大地区来说尤其成问题，相较于塞外的森林管理，清代国家对南方森林的影响要有限得多。其结果是，后人对皇家木材消费规模的想象是极度夸大了的。相应的，国家能够控制或操纵木材市场的程度也被夸大了——如果国家稍加克制就能够幸免于破坏的森林的规

47

模也被放大了。

虽然国家的常规需求主要是普通尺寸的木材，并且这些来自人工种植的木材可以很容易地通过市场获得，但国家也需要大木来营造大型建筑。历史上关于为朝廷找寻大木越来越难的记述虽然有其价值，但对衡量一个地区在木材市场的参与程度和森林覆盖率来说，也可能具有误导性。官方奏报中关于大木难寻的记录无疑表明水运路线附近的原始森林正在消失，但这些奏报并没有考虑到那些被有计划地砍伐和管理的木材种植区。即使对长江水系民间市场的木材贸易进行最保守的估计，国家从这一市场中采买的木材数量相比市场交易量也是很少的，而市面上的木材很大一部分是由人工种植林供应的。清代国家的皇木采办有赖于市场，而不是要取代市场。皇木采伐只是偶尔在四川和贵州的深山老林中进行，因为市场无法供给皇木需求的目标。这应该是我们认识中国南方木材市场动态的基础。

注释

［1］ 孟泽思：《林业》（"Forestry"），第 563 页。斯波义信（Shiba Yoshinobu）：《宋代商业史研究》（*Commerce and Society in Sung China*），第 91 页。
［2］ 斯波义信：《宋代商业史研究》，第 92 页。
［3］ 毛奇龄：《杭州治火议》；甘熙：《白下琐言》，卷一。
［4］ 李伯重：《明清时期江南地区的木材问题》，第 87 页。
［5］ 斯波义信：《宋代商业史研究》，第 93 页。
［6］ 斯波义信：《宋代商业史研究》，第 95—96 页；孟一衡：《杉木与帝国》，第一章。
［7］ 范成大：《骖鸾录》，"癸巳岁正月三日"条。
［8］《淳熙新安志》卷一，"风俗"。
［9］ 张海鹏、王廷元等：《明清徽商资料选编》，第 180 页。
［10］斯波义信：《宋代商业史研究》，第 91 页。

[11] 范成大：《骖鸾录》，"癸巳岁正月三日"条。

[12] 谭其骧：《中国内地移民史：湖南篇》；葛剑雄、曹树基、吴松弟：《简明中国移民史》，第 271—393 页。

[13] 李伯重：《明清时期江南地区的木材问题》，第 89 页。

[14] 关于明代早期的重农抑商政策，参见万志英《中国经济史》（ The Economic History of China ），第 285—293 页。

[15] 楠木是中国南方和越南特有的珍贵软木，包括几种常绿树种，其中最高等级的是楠木属（ Phoebe ）植物（ Phoebe hungmaoensis, Phoebe nanmu, and Phoebe zhengnan ）。永乐年间，中国西南地区大规模采办楠木用以建造皇家建筑。相关研究参见金田（ Aurelia Campbell ）的《王之功业：明初的建筑与帝国》（ What the Emperor Built: Architecture and Empire in the Early Ming ）。

[16] 蓝勇：《明清时期的皇木采办》；《中国少数民族社会历史调查资料丛刊》修订编辑委员会贵州省编辑组：《侗族社会历史调查》，第 6—7 页。

[17] 金田：《王之功业：明初的建筑与帝国》。

[18] 关于两次商业革命的综述，参见罗威廉《近代中国社会史的路径》（"Approaches to Modern Chinese Social History"）。

[19] 关于木材市场的逐步复兴，以及明代木材征用手段的变化，参见孟一衡《杉木与帝国》，第五至七章。

[20] 蓝勇：《明清时期的皇木采办》。

[21] 关于帝制晚期中国对西南边疆的开拓以及充满抉择和抵抗的地方史研究，可参见乔荷曼（ John E. Herman ）《云雾之间：中国在贵州的拓殖，1200—1700》（ Amid the Clouds and Mist: China's Colonization of Guizhou, 1200-1700 ）；纪若诚（ C. Patterson Giersch ）《亚洲边陲：清代云南边疆的变迁》（ Asian Borderlands: The Transformation of Qing China's Yunnan Frontier ）；贝杜维《非汉人往何处安身》，（"To Go Where No Han Could Go for Long: Malaria and the Qing Construction of Ethnic Administrative Space in Frontier Yunnan"）；龙戴维（ David G. Atwill ）《中国的苏丹国：伊斯兰教、种族与西南的"潘泰"起义 1856—1873》（ The Chinese Sultanate: Islam, Ethnicity, and the Panthay Rebellion in Southwest China, 1856-1873 ）；单国钺（ Leo Kwok-yueh Shin ）《中国国家的形成：明代边地的族群与扩张》（ The Making of the Chinese State: Ethnicity and Expansion on the Ming Borderlands ）。

[22] 关于几个世纪以来明清国家在削弱土司方面的努力，参见乔荷曼《征服的空话：土司制与中国在西南边疆的统治》（"The Cant of Conquest: Tusi Offices and China's Political Incorporation of the Southwest Frontier"）；乔荷曼《西南的帝国：清代初期的土司制改革》（"Empire in the Southwest: Early Qing Reforms to the Native Chieftain System"）；苏堂栋（ Donald S. Sutton ）《18 世纪的族群与苗疆》（"Ethnicity and the Miao Frontier in the Eighteenth Century"）。

[23] 关于清代通过人种志与图像学掌握有关西南的经验知识的研究，参见何罗娜（ Laura Hostetler ）《清代的移拓事业：早期近代中国的人种志与图像学》（ Qing

Colonial Enterprise: Ethnography and Cartography in Early Modern China）。关于明清时期通过商业出版传播旅行路线和地方风土知识的研究，参见陈学文《明清时期商业书及商人书之研究》。

[24] 马立博:《中国环境史》，第 198—207 页。

[25] 这一地区的非汉族群体，在今天被正式划分为苗族、侗族、瑶族等少数民族。但在清代的官方和民间的用法中，他们经常被统称为“苗”，或用不同的形容词加以修饰分类（如“花苗”“洞苗”等）。参见戴瑙（Norma Diamond）《定义“苗”：明清及当代的观点》（“Defining the Miao: Ming, Qing, and Contemporary Views”）；迪尔（David Michael Deal）与何罗娜《人种志的艺术》（*The Art of Ethnography*）。我在本书中使用的“苗”，其含义与清代通行的用法一致，而不是现代意义上由国家划定的某个特定“民族”。

[26] 梁聪:《清代清水江下游村寨社会的契约规范与秩序》，第 212—217 页；张应强:《木材之流动》，第 28—35 页。

[27] 姜舜源:《明清朝廷四川采木研究》。

[28] 1906 年，办木事宜由新设的民政部接管。相原佳之:『清朝による木材調達の一側面——清朝前期の例木制度』，第 22 頁。

[29] 光绪《大清会典事例》，卷 875、877，“木价”。相原佳之:『清朝による木材調達の一側面——清朝前期の例木制度』，第 25 頁。

[30] 光绪《大清会典事例》，卷 875。

[31] 邢佩、张齐兵、帕特里克·J. 贝克（Patrick J. Baker）:《中国亚热带森林四种树种的年龄和径向生长模式》（“Age and Radial Growth Pattern of Four Tree Species in a Subtropical Forest of China”）。

[32] 相原佳之:『清朝による木材調達の一側面——清朝前期の例木制度』，第 23—24 頁。

[33] 光绪《大清会典事例》，卷 58。

[34] 相原佳之:『清朝による木材調達の一側面——清朝前期の例木制度』，第 25 頁。

[35] 芦隐:《上新河杉木业五十年概况》。

[36] 相原佳之:『清朝による木材調達の一側面——清朝前期の例木制度』，第 28—29 頁。

[37] 嘉庆《湖南通志》，卷 175；中国第一历史档案馆，04-01-35-0953-040、04-01-35-0954-056、04-01-37-0090-038。

[38] 清代宫中档奏折及军机处档折件资料库，000840。

[39] 相原佳之:『清朝による木材調達の一側面——清朝前期の例木制度』，第 45 頁。

[40] 同上，第 46 页。

[41] 中国第一历史档案馆《军机处上谕档》，乾隆三十年（1765）。

[42] 光绪《大清会典事例》，卷 875。

[43] 1806 年的一些法律案件中提及了江苏和江西木商在两省承办采木事宜的情况，《侗族社会历史调查》的第 39—41 页转录了这部分材料。

[44] 中国科学院国家科学图书馆，索书号 260664。关于这部手稿的内容，参见相原

佳之『清代中期貴州東南部清水江流域における木材の流通構造——「採運皇木案牘」の記述を中心に』；瞿见《文本与抄本——〈采运皇木案牍〉的抄传》。

［45］英安：《采运皇木案牍》，4a。

［46］这些数据来自"物料价值则例"数据库。

［47］清代宫中档奏折及军机处档折件资料库，4020009317。

［48］相原佳之：『清代中期貴州東南部清水江流域における木材の流通構造——「採運皇木案牘」の記述を中心に』，第555頁。

［49］英安：《采运皇木案牍》，107b。

［50］托口是苗疆的一处木材市场，那里经常交易大木。英安：《采运皇木案牍》，91b。

［51］英安：《采运皇木案牍》，35a。

［52］相原佳之：『清代中期貴州東南部清水江流域における木材の流通構造——「採運皇木案牘」の記述を中心に』，第553頁，第557—559頁。

［53］同上，第557—559頁。

［54］中国第一历史档案馆，03-2235-020。

［55］英安：《采运皇木案牍》，88b-89a。

［56］相原佳之：『清代中期貴州東南部清水江流域における木材の流通構造——「採運皇木案牘」の記述を中心に』，第552頁。

［57］同上，第558頁。

［58］英安：《采运皇木案牍》，87a、88a。

［59］龙泉码是一套木材丈量和定价系统，详见本书第二章。英安：《采运皇木案牍》，72a。

［60］英安：《采运皇木案牍》，86b、87b。

［61］英文研究中有关汉口木材市场的简介，可参见罗威廉《汉口：一个中国城市的商业和社会 1796—1889》，第269—273页。

［62］英安：《采运皇木案牍》，82b。

［63］同上，108b。

［64］相原佳之：『清代中期貴州東南部清水江流域における木材の流通構造——「採運皇木案牘」の記述を中心に』，第563頁。

［65］清代宫中档奏折及军机处档折件资料库，000840。

［66］南京与苏州的牙人之争发展到上诉至巡抚衙门，可参见《明清苏州工商业碑刻集》中第73号碑刻记载。

［67］该案详情收录于中国第一历史档案馆，03-2235-020。

［68］相原佳之：『清代中期貴州東南部清水江流域における木材の流通構造——「採運皇木案牘」の記述を中心に』，第562頁。

［69］有关19世纪的湖南人越来越多地参与长途木材贸易的情况，参见罗威廉《汉口：一个中国城市的商业和社会 1796—1889》，第270页。

［70］中国第一历史档案馆，03-2235-020。

［71］相原佳之：『清代中期貴州東南部清水江流域における木材の流通構造——

「採運皇木案牘」の記述を中心に』，第 558 頁。

[72] 类似的案例，参见相原佳之『清代中期貴州東南部清水江流域における木材の流通構造——「採運皇木案牘」の記述を中心に』，注释 90。

[73] 英安：《采运皇木牍》，82a。

[74] 有关帝制晚期中国漕运制度的概述，参见韩丁（Harold C. Hinton）《清代漕运制度》（"The Grain Tribute System of the Ch'ing Dynasty"）；樊树志《明清漕运述略》；李文治、江太新《清代漕运》。

[75] 韩丁：《清代漕运制度》，第 348—352 页。

[76] 陈峰：《简论宋明清漕运中私货贩运及贸易》，第 121—122 页。

[77] 同上，第 123—125 页。

[78] 中国第一历史档案馆，04-01-35-0137-005。

[79] 中国第一历史档案馆，04-01-35-0162-007（1772）、04-01-35-0220-028（1813）、04-01-35-0265-011（1834）、04-01-35-0379-052（1843）；《道光朝实录》，卷 146，道光八年（1828）十一月壬寅；《道光朝实录》，卷 252，道光十四年（1834）五月乙亥；《道光朝实录》，卷 255，道光十四年八月己酉。

[80] 关于明清时期这一思想的本质和影响，参见王国斌《中国的税收与善治 1500—1914》（"Taxation and Good Governance in China, 1500-1914"）。

[81] 在中国改革开放初期，类似的官方资助和补偿策略（形式不同，但内核相同）被证明对建立市场有重要意义。参见洪源远（Yuen Yuen Ang）《中国如何跳出贫困陷阱》（How China Escaped the Poverty Trap），第四章。

[82] 早期的环境史学倾向于从诗歌、文学和地方志中寻找所有可用的资料，以生成关于中国森林砍伐过程的总体时间线。伊懋可：《大象的退却》，第 19—85 页。这些努力确实是有价值且有必要的第一步，并进一步激励了审慎的研究，本书便受到其启发。

[83] 有关明清时期皇家建筑用材的采办，参见费每尔（Eduard B. Vermeer）《清代中国边疆的人口与生态》（"Population and Ecology along the Frontier in Qing China"），第 247—251 页；艾兹赫德（S. A. M. Adshead）《早期现代中国的能源危机》（"An Energy Crisis in Early Modern China"）；蓝勇《明清时期的皇木采办》。

第二章

跨区域的木材市场

在 18 世纪和 19 世纪，长江流域木材贸易的市场结构已臻于
成熟。据木材税收和税率估算，每年流入长江下游地区的木材数
量在 500 万根，远远超过皇木采办所需的几千根数额。水运要道
上散布的六个榷关对来往的簰筏征收过境税，它们为追溯这一
贸易体系提供了统计依据。值得注意的是，基于统计数据的追溯
必须以细致地分析榷关官僚机构的管理政策为前提，因为额定税
额的多寡、增收税额的使用和奖励方式的变化对如何收税和上报
多少税额有很大的影响。榷关税收的数据并非商业发展的直观反
映，而是朝廷和地方之间博弈的产物。这种理解不仅适用于木材
贸易，而且适用于整个商业税收体系。为了更清晰地梳理过境税
的历时变化以及木材消费和供应的变化趋势，我们需要考虑到不
同时期的数据可能存在方向上和程度上的偏差。

两个趋势非常显著。首先，市场的规模持续扩大，复杂性持
续变强。18 世纪，江南的木材消耗量大幅增长，这使得人均木
材消耗量在人口持续增长的情况下与此前持平。19 世纪，由于需
求低迷、交通不畅和供给端困难等因素，人均木材消耗量略有波
动。其次，湖南和贵州出口木材的市场份额不断增加，可与江西
和长江下游高地的传统供应网络相匹敌。人工管理的种植园逐渐
取代天然林，成为上述供应网络的主要源头。木商们前往西部地

区补充库存，在西部地区设立的榷关就从这些商业活动中征税。随着西南木材的重要性日益提高，汉口成为长江中游地区木材贸易的枢纽，其影响力和繁荣度仅次于南京。长江流域的跨区域贸易实现了高度一体化，各地统一采用龙泉码作为木材计量和定价的标准就是证明。龙泉码的发明源于 17 世纪早期的龙泉县，它为木商设定了用来衡量木材质量和协商价格的基本术语和算法。

明清时期的木税关

明代，朝廷的商业税收入很大一部分都来自钞关（榷关），*
后者对依托主要水系的国内长途贸易征税。[1]钞关由户部辖制，其数量和位置经历了频繁的调整，直到 16 世纪 10 年代后才变得相对稳定，形成以大运河沿线的六个税关和长江沿线的九江关为主的格局。[2]过境税最初以纸钞支付，到 15 世纪 30 年代中期，它们更多地以白银支付。[3]除了户部辖下的钞关，工部还掌管一些抽分局，这些机构专门征收木料和竹木的关税，其中规模较大的位于杭州、荆州、南京和芜湖。在抽分局，至少从 15 世纪晚期开始，木税形式逐渐从实物税转变为以白银支付的货币税。[4]

清王朝入主中原的两年后，延续了明代的税关制度。户部和工部基本上各自接管了明代的钞关和抽分局。[5]此外，竹木的税收完全转变为以货币支付。杭州、南京、芜湖等地同时设有两

---

* 明代的税关常称钞关，到清代则称榷关。

个榷关，分别隶属户部和工部。以南京为例，龙江关是工部辖下 50
专司木竹税的税关，而西新关则由户部管理，向其他大宗商品征
税。即使木竹税的征收早已像其他商品一样转变为以白银支付，
将其剥离出来也颇为合理，因为这样可以将运输竹木的木筏从遍
布舢板、交通拥堵的税关分流开来，从而方便通航。同一城市的
两个榷关账务独立，但它们都由同一个税务监督管理，且两关税
收皆上缴户部；管辖权上的差异的影响，只是体现在税关账务的
年度审计由工部还是户部负责。[6]

除了工部在杭州、荆州、南京和芜湖所设榷关的税收外，户部
在江西九江和赣州所设榷关的税收中，木税也占很大比重。此外，
到康熙朝晚期，两个地方级的税关——四川重庆府的渝关和湖南西
部辰州的辰关——正式成为直属工部的榷关，反映出朝廷对西南木
材贸易发展的重视。[7]其他一些榷关，如扬州关、临清关、淮安
关等，都将木材列为可征税目，但木税只占其税收总额的一小部
分。此外，在东北、山西北部和直隶等地还设立了一些规模小得
多的木税站。[8]如图0.2所示，清代长江贸易网络中有八个主要
的征收木税的榷关，包括六个工部关（龙江关、芜湖工关、南新
关、荆关、渝关、辰关）和两个户部关（九江关、赣关）。

表2.1罗列了上述榷关的基本信息。诸关的征课税额在康熙
年间进行了一些调整，并从18世纪初开始固定下来。该表所示
1753年的征课定额（据1764年乾隆朝《清会典》），后来在1799
年增加了由朝廷确立的"钦定盈余"。[9]各榷关税收中的木税占
比各有不同，且并未在《清会典》和每年呈报皇帝的税课奏销
中定期披露。不同类目的木材税率也不同。因其分工不同，工部

关的大部分税收都来自木材，而户部关的税基则要广得多。更重要的是，实际的榷关税收往往偏离定额。根据现存数据，表 2.1 的第五列显示了 1725 年至 1850 年期间每个榷关的平均年实际税收收入。在大多数情况下，平均年税收远大于 1753 年的定额。

51

表 2.1　八个征收木税的主要榷关

榷关	位置	1753 年定额（两）	1799 年定额（两）	1725—1850 年平均每年实际收入（两）	主要税目	木税税率
九江关（户）	江西	172281	520081[a]	518309	木材、盐、茶、船	规格
龙江关（工）	江苏	57607	112607	123737	木材、船	规格
芜湖工关（工）	江西	70146	117146	114704	木材、船	规格
赣关（户）	江西	90682	128682	99466	多种商品	
荆关（工）	湖北	17019	30019[b]	39780	木材、船	3%
南新关（工）	浙江	30247	30247	29210	木材	10%
辰关（工）	湖南	12500	16300[c]	18496	木材、盐	3%
渝关（工）	四川	5000	5000	5630	木材	3%

资料来源：乾隆《大清会典则例》、光绪《大清会典事例》、《清史稿》
注：第三列，1753 年定额包含"正额"与"铜斤水脚"。第四列，1799 年定额包含"正额""铜斤水脚"与"钦定盈余"。第五列，平均收入基于年度收入数据来计算，参考清代宫中档奏折及军机处档折件资料库和第一历史档案馆档案。第七列，规格指的是按照以特定方式测量的木材排筏的尺寸来征税；税率百分比是基于估值来从价计征的。
a 1804 年，九江关的定额增加到 539281 两；
b 1863 年，荆关的定额下降到 24819 两；
c 1801 年，辰关的定额增加到 27711 两，1807 年增加到 29692 两。

1799 年的调整使征课定额更接近于实际税收。所以必须注意的是，定额虽然大致反映了这些榷关的总体规模，但未必准确反映了榷关收入或过关的木材数量。

清代的榷关税收管理

在根据 18 世纪和 19 世纪的税关税收数据来估算木材贸易的价值和数量时需要留心，因为清廷不同时期对榷关税收的管理方式会导致奏报中的税收数据产生一定偏差。清初，榷关的征课定额大致遵循明代在 1630 年的水平。随着经济从明清易代的动荡中复苏，早期的税收赤字变成了持续的盈余。因此，顺治朝和康熙朝初期数次调升征课定额。最终，清廷在 1681 年确立的征课定额固定下来，在此后包括《清会典》在内的官方文件中被称作"正额"。至于在清代新开设的榷关，其征课定额的设立、调整是在康熙、雍正两朝。

到了 18 世纪早期，大部分正额已经稳定下来。尽管名曰"正额"，但它并不是朝廷所期待收入的全部。1706 年，清廷以各关办解京铜所付运输成本的名义，对从西南办运解京的铜斤设立所谓"铜斤水脚"的税银。铜斤是铸造铜币的原料。这一税目成为办解京铜诸关在"正额"之外的一项必需的税额。[10] 比较 1764 年版和 1899 年版《清会典》中涉及税关的章节，八个主要的木税榷关的"正额"银和"铜斤水脚"银自 1753 年以来保持不变。在表 2.1 中，它们被合并列为"1753 年定额"。[11]

52

17 世纪 80 年代后，实际税收往往高于定额，溢出"正额"的"盈余"银变得普遍。在盈余税银的核定和拨付上，国家面临着"委托—代理困境"（principal-agency dilemma），相关政策在固化、集权和放任、分权的两极间来回摇摆。在清王朝最初的几十年间，特别是在平定三藩之乱等主要军事行动中，为了缓解中央的财政困难，清廷对征解溢额的税关监督予以"加级"奖励。累进的行政嘉奖*虽然不能使一个官员的职位或官阶有实质性的提升，却是人事考评中的重要因素，在被议为升迁的候选人时，"议叙"会使该官员有相当大的优势。[12]"溢额议叙"例是对关差的有力激励，敦促他们勤勉地征解税银，并如实向朝廷奏销。然而，这些做法也可能导致对商业过度加派的苛政，这引起了康熙皇帝的担忧，使得他在战事稍歇后的 1686 年明谕废止了"溢额议叙"的奖叙政策。此后，清廷虽然一再鼓励尽报尽解盈余税银，但已丧失了任何对实际盈余银数额的有效控制。[13]

随着雍正皇帝发起一系列的财政改革，改革派的省级官员几十年来首次对税关收入进行了全面清查。在 18 世纪二三十年代，地方奏报的盈余银稳步增长，这既反映了商业的繁荣，也反映了先前康熙朝晚期的收入有隐匿的情况存在。由于雍正年间盈余银的持续增加，官僚系统中形成了一种新的行政规范：达到税银正额只是最低要求；在默认的情况下，榷关的税收收入每年都应有所增加。如果奏销的盈余银比上一年**的少，户部将弹劾负责的

---

* 这种行政奖励在清代有专门称呼，叫"议叙"，其方式主要有两种，一种叫记录，一种叫加级。

** 档案中的说法是"上一届"，为便于阅读，译文中统一作"上一年"。

关差。因此，上一年征解的税银也就成了下一年实际的定额。

然而，一旦税收瞒报的问题得到解决，且上报的税收更真实地反映实际的贸易量，榷关税收上的波动也就再自然不过了。盈余银不断增加的预期是不切实际的。1741年，为了解决这个问题，乾隆皇帝颁发明旨。他担心税关关差们为了避免被户部弹劾，会对商人过度加派，这种顺周期（procyclical）的倾向会使情况在商业不景气的年份变得更糟。乾隆的新政是，只有当盈余银数额严重少于上一年时，户部才会下令监管税关的地方大吏进行全面调查。在没有发现贪污、渎职等不当行为的情况下，可以认为减少的税收是市场波动的反映，负责的关差不应该受到指责。[14]

1749年，考虑到皇帝的宽松政策会影响税收的稳定，户部提议盈余比上一年"短少一分"（10%）以上者，应追究其责，且官员的降级惩罚应据盈余短少之比率议处。作为回应，乾隆又下诏规定，往后盈余银考核比较的基准应为1735年（即雍正朝最后一年）的盈余数目，而非上一年的盈余数额。由于18世纪中叶的榷关税收普遍高于1735年的水平，该诏书在提高对榷关税收的正式预期的同时，意在展现皇帝的仁慈姿态。[15]

随着18世纪五六十年代税收的持续增长，盈余银超过1735年的基准并不是什么问题。税关关差们仍然在他们的账务中引用上一年的盈余作为比较的基准，这是户部所坚持的做法，也得到了皇帝的默许。[16]然而，到18世纪70年代末，榷关的收入（尤其是来自大运河诸关的税收）稳步下降，甚至低于18世纪50年代的水平，这一趋势反映出大运河沿线南北贸易的长期衰退。考虑到这一点，皇帝在1777年调整了政策，规定盈余银不仅应与上一年的盈余数

54

额进行比较，还应该与之前三年的进行比较：只有当盈余银达到四年来的最低水平时，关差才会因盈余短缩而遭到户部驳诘。[17]

18世纪90年代税收收入的持续下降，最终促使嘉庆皇帝在1799年制定的"钦定盈余"数额远低于18世纪实际税收的峰值水平。如果只比较1753年和1799年的定额，往往会忽视这一点。这引向一个错误的结论，即认为嘉庆皇帝是在试图从税关中榨取更多的收入，实际上他是在下调盈余银的预期。[18]表2.1中，1799年最终的总定额是"正额""铜斤水脚"和新的"钦定盈余"的总和。另一次重大调整发生在1804年，只涉及九江关，九江关的盈余定额又增加了19200两，总定额增至539281两。"钦定盈余"最终完成了由浮动盈余向定额盈余的转变。"钦定盈余"之外报解的盈余现在被称为"额外盈余"。然而，在19世纪20年代之后，榷关税收的下降变得越发普遍和频繁，特别是之前繁荣的大运河沿线诸关，如浒墅关和淮安关，它们的"盈余定额"在1831年进一步下调。19世纪上半叶，特别是19世纪20年代以后，税关收入的衰退似乎预示着普遍的经济萧条和区域经济的崩溃。[19]19世纪50年代的太平天国运动期间，几个主要的榷关关闭，之后再也没能重新开放。此外，随着通商口岸的开放和厘金的推广，榷关的税收再也没有恢复到18世纪的水平。[20]

上述对清代榷关税收管理的简要回顾，为理解国家中央的视角提供了重要见解，特别是其权衡取舍之道——一方面要求更多的收入，另一方面抑制腐败和对商业的过度征派。榷关制度，如同清代财政系统的其他分支一样，面临无法解决的信息不对称问题，以及中央政府、税关关差和地方政府之间的利益冲突，后

55

两者往往从向中央隐瞒收入中获益。可以在广义的包税制（tax-farming model）的框架内理解正额和不断变化的盈余管理则例。在这种模式下，委派的关差负责满足最低要求（无论是正式典章规定的正额还是默守的行政规范的非正式要求），任何税额的短缺都必须从其私囊中弥补。此外，尽管有违官方规定的原则，但关差实际上可以在毫无实质性风险的情况下截留超出要求的任何收入。清代公共财政的这些方面肯定值得更全面的研究。

就我们此处的目的而言，主要的启示是税收管理政策的变化会如何影响呈报的税收数据的可靠性，以及我们的解读应该如何调整，以诠释潜在的偏差。在18世纪初，贸易的扩张已经使清王朝早期制定的"正额"过时了。然而，超出正额的盈余并没有完全反映在呈报的税关收入中，这主要是因为清廷有意对此疏忽，以抑制官员对商业过度课税的念头。在18世纪二三十年代，随着雍正皇帝巩固榷关税收的努力，诸关税课的奏销更真实地反映了市场扩张的程度。与此同时，这些年来榷关收入的稳步增长形成了一种行政规范，它指导着户部在18世纪其余时段的评估和预期——每年应呈报奏销的税收收入即使未能不断增长，也应该是稳定的。

因此，从18世纪30年代到90年代，虽然税关收入的任一数额的大幅减少和增加更有可能反映实际的市场波动，但多年来个位数级别的稳定年增长应该被理解为只是对实际贸易量下限的反映，因为它们最有可能是关差们欺瞒隐匿的结果，由此他们既可以通过户部的奏销审计，又可以尽可能地中饱私囊。同样，在 1799 年确定了额外盈余后，实报税额与定额的显著偏离表明了市场的波动，而历年呈报数额中连续出现比定额高出几两的情况，

56

则更可能表明市场规模的下限。总而言之，榷关收入表现出的变动幅度必然低于实际的市场变化幅度。其效应可能是非对称的：虽然贸易量的减少将更直接地反映在税关收入的数据中，但贸易量的增加往往没有得到充分反映。

考虑到这些情况，榷关数据仍然可以提供有关市场情况变化的信息。由于年度奏报中没有包括税关收入的详细细目，本章以下部分所呈现的木税数据是估算得出的。对于芜湖工关、南新关、荆关、渝关等工部关来说，木税占其税收收入的绝大部分，且常被官员作为解释税收波动的主因，这些税关的总税收收入的变化趋势可以大致代表木税的变化趋势。另外，辰关的估算方法在本章中有详细说明，龙江关和九江关的估算方法在附录 A 和附录 B 中有详细说明。赣关是设立在江西赣州的户部关，不得不在此略去。虽然赣关对江西南部主要的木材来源课税，但它地处通往广州的唯一一条陆路贸易路线之上，其可征课的商品税目繁多。对其税收贡献最大的是丝绸和茶叶，而非木材。我没有找到关于赣关的木税占比的可用信息。[21]

江南的木材消费

南京是长江及其支流所连接的整个木材市场的枢纽。南京的报价是上游所有木材贸易最终的市场信号。它是木商从西部地区运输木材沿江而下的最后一站。江南、江北各城市和集镇的批发商都来这里大批量采购。南京的木材集散市场位于西郊的上新河镇，上新河得名于明洪武年间修建的一条连接秦淮河和长江的运河。明初，上新河的沿岸以"皇木厂"和"宝船厂"闻名，因为这里被用于储存建造皇家宫殿的木材，郑和下西洋所使用的著名宝船也取材于此。1393 年，明代最早的工部抽分局之一在此建立，即龙江关的前身。[22]

商人最初辐辏于此是向官府的营造工程提供木材。到明代中叶，这个地方已经发展成为一个庞大的木材市场。在这里，徽帮、临帮和西帮三个商帮开始登上历史舞台，一直到 19 世纪中期，他们都是木材贸易中最具影响力的参与者。徽帮商人来自安徽南部的徽州府，以婺源县的居多。临帮商人来自江西的临江府，以清江县（今樟树市）的居多。西帮商人一般是除临江商人以外的江西商人，其中来自省会南昌的最多。[23]这三个商帮不仅在他们的家乡交易木材，还率先将木材贸易进一步扩展到西南地区。自明末开始，他们溯江而上，从湖南采买大量木材，并运到南京的市场。资本雄厚的木商还从事放贷，为西南商贾的生意提供资金。[24]

从 19 世纪开始，湖南和湖北的木商崛起，他们开始挑战徽州和江西商人的地位。利用靠近西南木材产地的地理优势，他们越来越多地前往长江下游进行销售。南京市场除了传统的三帮外，逐渐加入了来自两湖不同区域的商帮。[25]到清末，主要商帮都各自在上新河沿岸占据滩地，建立起自己的同业公所。沿河自西向东，依次修建有南昌、赣州、湖北、湖南、临清、徽州的会馆。各商帮经常争论所占滩地之间的边界，其划分亦随着各帮力量之兴衰而变化。[26]

57

58 　　运抵南京的木材中有一小部分是供当地消费的。除了城郊面向跨区域贸易的上新河木材市场，南京城的西水门和汉中门还有两个规模较小的木材市场。这两个市场的木商从上新河采购，然后零售给城内的本地商户，后者主要是木工作坊和营造匠师。[27] 除南京本地所耗木材外，大部分木材都再扎成小排木筏，顺大运河运往江南和淮河流域的城市。通往江南的木筏在镇江进入大运河，可抵常州、无锡、苏州和上海。北上的木筏在扬州进入大运河，分流到泰兴、南通和盐城。

　　龙江关和芜湖工关的税收主要"以竹木簰把为大宗"。[28] 这两个榷关的税基相似，都对来自上游的木簰课税。芜湖工关所课竹木税目的对象主要是沿长江从九江顺流而下的木材，以及少量产自安徽南部、运往南京的木材。相较过关的木材量而言，芜湖本地的木材消费量微不足道。大部分木材运抵南京后在龙江关再次征税。木材不仅是这两关最大的可征税目，更是它们税收变化的主要因素。因此，从它们所征关税总额的变化趋势就可以大致了解木材总量的变化。如图2.1所示，龙江关逐年的税收收入表现出相当大的波动，而芜湖工关似乎是少报税收增长的典型（部分原因是核销时，盈余经常被用来抵补同城户部关的赤字）。考虑到它们税基相似，龙江关和芜湖工关税收下降的巧合之处也就不足为奇了。总的趋势显示，18世纪的大部分时间里木材销量大幅增长，在1785年至1795年间大幅波动，在19世纪的前三十年出现适度的复苏，在那之后是一个持续到世纪中叶的低迷期。

　　根据对龙江关税收总额中木税占比的非常保守的估计和基于税则的近似计算，1725年至1850年期间，运抵南京的木材年均

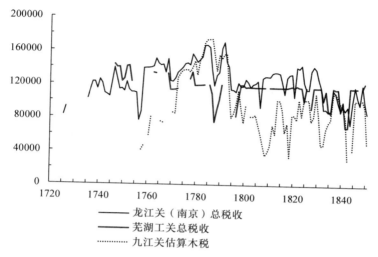

图 2.1　1720—1850 年龙江关、芜湖工关与九江关的税收，单位：银两
资料来源：廖声丰：《清代常关与区域经济研究》，第 119、317—375、381—388 页；倪玉平：《清朝嘉道关税研究》，附表 10、12、13、15、16；第一历史档案馆、清代宫中档奏折及军机处档折件资料库

总量约为 500 万根（见附录 A）。在木材运量高涨的 18 世纪 60 年代至 80 年代，估计龙江关每年木材量高达 600 万至 700 万根。几乎可以肯定这个估值是实际数据的下限。作为参照，海关总税务司估计，1882 年至 1891 年期间，每年有超过 1800 万根来自湖南、贵州和江西的木材通过了地处内陆的芜湖工关。[29] 回顾第一章所述朝廷每年需要的 7400 根标准大小的原木，这与市场的需求量相比是微不足道的。

59

　　在沿长江运抵南京的木材之外，来自安徽南部和浙江西部的木材被运至杭州分销。因此，南京龙江关和杭州南新关的木材总量可以大致代表在江南和江北核心区分销的木材总量。我对南新关的原木数量的估计是根据其 10% 的从价税税率，并假设每根原木的价格为 0.5 两。[30] 用运抵龙江关和南新关的原木数量除以江浙两省的人口总和，可以估算出人均木材消费量。[31] 这种方法可能高估了人均木材消费量，因为它没有将大运河沿岸的华北诸省（安徽、山东和直隶）的人口计算在内，这些省份的木材供应也部分来自南京；它也可能低估了人均木材消费量，因为它没有考虑从福建到浙江的海运木材供应。尽管有这些不足，但这个方法还是可以有效地揭示长期趋势。

将木材数量的估值与人口增长的趋势相比照，18 世纪 20 年代到 80 年代木材总量的大幅增长基本上与这一时期 30% 的人口增长保持一致，人均木材消费水平保持在每年每千人 90 根左右。木材贸易的衰退始于 18 世纪 90 年代，并持续到 19 世纪的头十年。尽管从 1800 年到 1830 年间有一些波动回升，但再也没有达到 18 世纪 80 年代初的峰值水平。随着人口的持续增长，人均木材消费量在 19 世纪上半叶持续下降，在 19 世纪的头 30 年里，每年人均原木消耗量徘徊在每千人 70 根左右。19 世纪三四十年代经历了另一轮经济衰退，人均木材消耗量下降到约每年每千人 50 根。

我发现有 57 份奏折解释了 1725 年至 1852 年间的 45 个税收短缺事例，它们涉及九江关、芜湖工关和龙江关。1780 年以前，税收短缺的情况鲜见，且短缺的主因大多是洪水或干旱造成的河运中断。18 世纪 80 年代以后，税收短缺的情况频现，约半数的情况是由于长江下游地区的需求不振，这证实了普遍的经济萧条，特别是在道光年间。在 19 世纪，洪水或泥沙淤积导致的河运中断问题在奏报中也更加频繁地出现，这表明水利管理和湖淤占垦等长期问题开始影响到国家最重要的运输设施。[32] 此时，随着人口、水利、森林和农业之间的微妙平衡达到极限，当时的观察者们开始意识到环境系统的脆弱性。[33]尽管有效的种植林管理为市场提供了木材，但商业造林对森林砍伐和环境退化的问题治标不治本。人口增长和土地开垦对既有的森林覆盖率和自然水系构成了更大的威胁，导致了土壤侵蚀、泥沙淤积和更频发的洪水，从而对庞大商业网络的生态基础造成了破坏。

从 19 世纪 60 年代起，江南地区在太平天国运动后的重建带来了由需求诱导的木材贸易大繁荣。不少关于民国时期南京木材市场的记载都将其起源追溯到太平天国运动之后。这样的记述虽然忽略了帝制晚期南京木材市场的长期发展，但反映了太平天国运动之后的市场繁荣程度。[34]由于在战争中损失了近半的人口，江南的人均木材消耗量应该是增加的。然而，自 1853 年因战争关闭以来，龙江关未再恢复设立。[35]南京在太平天国运动后建立了新的木材征税机构——木厘局，它不受朝廷的直接控制和审计。由于缺乏该局定期税收统计的数据，我们也就无法对 1850 年以后的木材量和人均消费量作出类似的估计。

木材供应的来源

九江关是两个最重要的木材源流的交汇之所：西南的木材从汉口沿长江顺流而下，江西的木材沿赣江北上。九江关的总口坐落在长江上，而在连接鄱阳湖与长江的大姑塘设立分关，专向江西商货征收税银。九江关所征木税的估算方法详见附录 B。根据

61

估算，九江关所征木税收入的变化趋势与芜湖和南京相似（见图2.1）：木税税收从1755年到1785年大幅增加，在接下来的20年里急剧下降至18世纪50年代的水平，然后进入持续到19世纪中期的适度恢复期。

　　许多证据表明，江西在18世纪仍然是最大的木材产地。1744年，在芜湖工关，江西木材所缴税银为95601两（占78%），湖广木材所缴税银为26376两（占22%）。[36]再如1780年的奏销关期（1779年4月至1780年4月），据我估计，九江关的木税共131489两。据江西巡抚郝硕的奏折称，专课江西木材的姑塘分关共征木税82364两（占上述所估总额的62%），这一数额被认为是异常低的。实际上，郝硕提到仅在1780年的五六月，姑塘分关所收木税就已达95233两，超过了这个分关上一届关期所收的总和。仅这两个月，该关的江西木税就已实现1781年关期木税总额的64%（1780年4月至1781年4月，木税总额估计为149201两）。[37]在19世纪，随着湖南木材供应的稳步扩大，江西木材供应的比例有所下降。江西的木材通常比湘西的小，因此价格也相应较低。这大概是因为江西的大部分天然林业已砍伐殆尽，人工林多砍伐幼龄木，而湘西的森林仍有大量成熟林。不过，在整个民国时期，江西一直是与湖南并立的重要木材产地。[38]

　　从元代开始，江西就开始向长江下游的三角洲出口一定规模的木材。明清时代，它已经成为最重要的木材输出地。在省内赣江及其支流的河谷地带遍布培育木材的人工林（图2.2）。南部的吉安和赣州所产的木材由于种植周期较长（35年至40年）、质量更优、尺寸较大，占江西输出木材的绝大部分。[39]据赣州龙南

62

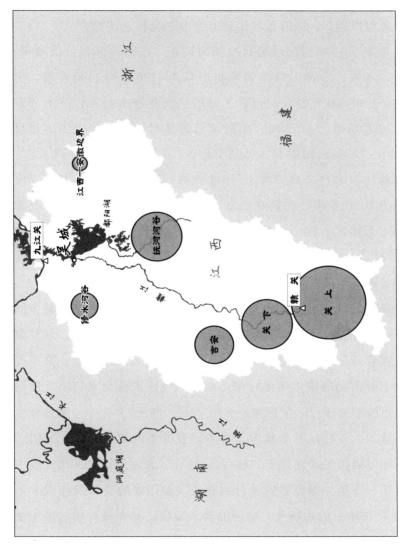

图 2.2　明清时期江西的木材产地示意图

县 1752 年的方志（乾隆《龙南县志》）记载："出境惟杉木，自数十年来种植愈广。每岁之为材者可得数十万株。土人转运江南，颇得厚利。……田之利什之七，山之利什之三焉。"[40]

根据 1930 年国民政府财政部的调查，江西南部（包括赣州、吉安、南安、宁都）每年的木材产量为 1100 万到 1300 万根，另有 500 万到 600 万根木材产自北部的抚河和修水河谷以及毗邻安徽的边界地带。[41]然而，相较湖南的木材，江西输出的木材尺寸较小，大多数圆围在 1 尺到 1.5 尺（龙泉码价中的分码）。[42]最好的江西木材来自"关上"（此处称"关上"是因为赣关以南的地方从北面看过去是在赣关的上方），特别是赣州的瑞金和龙南附近地区。次一级的木材则产自"关下"（指赣关以北的地区），在吉安南部的龙泉县和万安县一带。再次等级的木材则产自吉安西部地区。[43]

虽然区域间输出的木材大多产自江西南部，但木材贸易中的巨贾则来自江西北部，主要是临江和南昌（临帮和西帮）。这些商人经营着长距离的商业往来，将在赣州的采买和在南京、常州等长江下游市场的销售连接起来。在当地钱庄的资金支持下，他们与赣州的木材牙行（常称为"木行"或"木牙"）合作，通过预支有息贷款，直接从从事伐木、小本经营的木商那里采买。他们还通过牙行组织来雇佣运工，进行运输。[44]省内分销的木材扎成中型簰筏，行销外埠外省的木材则在进入鄱阳湖的吴城捆扎成大木簰。[45]在南京的市场上，临帮的势头最盛。其鼎盛时期，每年夏天都有二三十家临帮商号将木材运往南京，以至于运抵的木材常常塞满运河南岸的货仓。西帮的商号虽少，但规模却大得多，有的营运资本高达几十万两。随着时间的推移，一些赣州人将自己的生意扩展到木材经纪之外，也开始涉足长途贸易。到了晚清，赣州帮已形成一股强大的力量，并在南京和常州设立会馆。[46]

除了来自江西的木材外，其他地方所供木材的情况可从四个较小税关的木税收入中得以管窥。重庆的渝关对来自四川的少量木材征税。荆州的荆关针对汉口市场，对沿江而下的四川、湖北木材征税。辰州的辰关对湘西、贵州的木材征税。杭州的南新关对从皖南和浙西运到杭州的木材征税。可惜的是，湖南东部湘江流域所产木材和福建所产木材没有相应的税收数据。上述四个税关的木税都按从价标准计征，即按商品估价的一定百分比征收。辰关、荆关和渝关实行 3% 的从价税率，而南新关实行 10% 的从价税率。[47]

64

据此估算，重庆和杭州（两个区域性市场）的木材贸易价值分别稳定在 20 万两和 30 万两左右。同样，假设每根原木的均价为 0.5 两，那么两个市场每年的木材交易量分别为 40 万根和 60 万根。尽管四川拥有丰富的森林资源，但由于地形险峻、木簰无法在三峡通航，鲜有四川木材输出到外省。在杭州—嘉兴—湖州一带，杭州依然是分销皖南和浙西木材的重心。途经荆关的木材数量整体呈长期下降的趋势，尽管 18 世纪 60 年代到 80 年代间略有回升。相比之下，途经辰关的木材数量大幅增长（详见下一节）。荆关和辰关的相异走势表明，湖北的木材供应逐步式微，而湘西和贵州则在木材供应中愈发重要。需要注意的是，运抵汉口的四川、湖北木材几乎全部经停荆关纳课，而辰关只对湘西的木材征税，湖南东部湘江流域所产的木材没有反映在辰关的税收中。产自湖南、贵州、湖北和四川的木材在汉口汇合。19 世纪初汉口鹦鹉洲木材市场的兴起，与湖南木材供应的增加密切相关，湖南木商的势头也压过了湖北本地的木商。[48]

自明末起，徽州和江西的商人就在汉口交易木材。徽州婺源县的地方志中记载了不少明清时期在南京和汉口之间往来的木商。这条特殊的贸易路线被称为"吴头楚尾"。[49]据当地的说法，江南棉布的销售扩展到长江中上游一带，汉口的木材市场最初便因此而发展起来。随着棉布交易发展到湘西南的苗区，以汉口为转运中心的"以木换布"的跨区域贸易逐渐发展起来。[50]虽然常见的模式是在汉口买木再直接运往南京，但木材也可以在沿途的木材市场几经倒手，特别是在九江和芜湖，木筏必须过关完税。在芜湖，贮存、堆放木材的河滨被称为"徽临滩"，因为当地木商大多来自徽州和临江。[51]

直到 19 世纪早期，汉口才成为竹木贸易的主要中心，这同时得益于两个变化：鹦鹉洲的淤出和湖南木商的崛起。湖南木商开始与江西和徽州的外地人竞争，出口自己家乡的木材。早期的木材市场位于汉口，从长江经汉江即可到达。1769 年前后，长江中游的汉阳江堤沿岸新淤出一洲，后来逐渐淤积成一条长长的沙带，即为"鹦鹉洲"，此处更便于簰筏的停泊和卸货。19 世纪初，当湖南的木商开始来到汉口时，汉口原有的木滩*已经被捷足先登的徽州和江西木商完全占据，湖南木商因而只能利用新淤的鹦鹉洲。当该洲作为木滩的优势显现出来时，湖南人已经垄断了洲

65

---

* 停靠、堆放木簰的江河之滨，总称为"滩"。

上最有利的位置：长长的滩头和与汉阳江堤相隔的水道。当江西木商迁到鹦鹉洲后，留给他们的只剩下远离河道的高地，除非是为了找寻稀有品种的木材，顾客一般不愿光顾那里。[52]

到19世纪40年代，鹦鹉洲的竹木市场已经超过了汉口的竹木市场，湖南木商已占主导地位。太平天国运动后，随着长江中下游地区的恢复重建，以及清廷以武汉为中心推动的军事和工业现代化改革，鹦鹉洲竹木市场进入增长的繁盛期。[53]湖南商人被统称为"南帮"，按籍贯又划分为八府和十八帮。这些商帮又联合成两派，分别经营来自宝庆、长沙、衡州的"东湖木"和来自常德、辰州、荆州、永州和沅州的"西湖木"（图2.3）。在鹦鹉洲滩头建立会馆的商帮多达20余家，它们代表着行业联盟的不同层级。

大约在1865年，整个鹦鹉洲商区建立起一个统领湘东、湘西商帮的两湖会馆，鹦鹉洲也因此被当地人称为"小湖南"。在两湖会馆的统筹协调下，形成民间所谓的"五府十八帮"。*"五府"一词并不准确，实际上有八个按府划分的商团。湘西、湘东的商帮联合组建两湖会馆时，就存在如何分摊会费的问题。八府商帮并不是平摊会费，而是湘东三府承担六成，湘西五府承担四成。因此，虽然为了与会费分摊的比例对应，湘西五府名义上在两湖会馆中只有"常德"和"辰州"两个代表，但它们的会费实则由湘西五府共同承担。"五府十八帮"反映了两湖会馆内部的

66

67

---

* 五府系长沙、衡州、宝庆、常德、辰州。十八帮从鹦鹉洲头起，分别是：上安化帮、上宝帮、上长衡帮、常德帮、敷圻帮、白水帮、祁阳帮、辰帮、沅帮、下长衡帮、二都帮、同利帮、下安化帮、曹家帮、清埠帮、下宝帮、歧埠帮、洪埠帮。

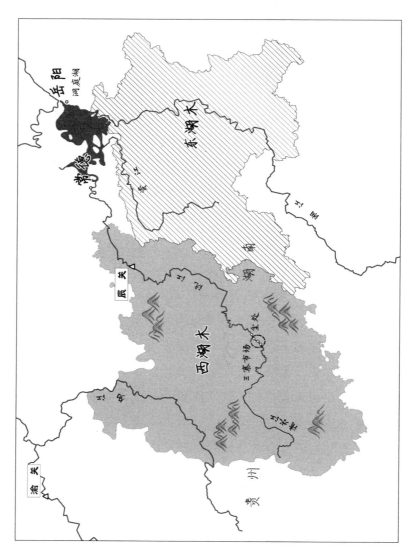

图 2.3 明清时期湖南与贵州东部的木材产地示意图

经费分摊安排，其中两府代表湘西商帮，三府代表湘东商帮。[54]
会费的分摊安排可能反映了湘东和湘西木材贸易的相对价值，尽
管缺乏税收数据，但这佐证了湘东木材的重要性。

　　鹦鹉洲市场的另一大群体是当地的湖北商人。这些湖北人
被称为"汉帮"或"北帮"，最初是在本地代理江西、徽州和黄
州商人的生意，后来他们也涉足长途贸易。19世纪下半叶，随着
木材市场的继续扩大，他们希冀在鹦鹉洲的船坞滩头占有一席之
地。他们上书地方官，指控湖南商人垄断并禁止当地人从事木材
贸易，并质疑湖南人对鹦鹉洲土地所有权的合法性。经过反复的
争讼乃至暴力冲突后，双方最终达成协议，湖南木商可以继续占
据船坞滩地，并将木材运至汉口，但木材的销售必须由牙行居中
说合，而此后只有湖北本地人有资格获得牙帖。至此，湖北商人
开始申请牙帖，在鹦鹉洲设立木行。[55]

　　在这些争讼中还有一个关于两湖会馆的有趣插曲。湖北商人
的一则指控是，湖南商人"将南北共同的会馆据为独占"。这纯
属捏造。在这里，湖北人把"两湖"一词曲解为"湖南和湖北"，
而"两湖"实则指的是"东湖和西湖"。在诉讼中，当组建会馆
的文书成为呈堂证供时，这一指控也就不攻自破。但是，由于
"两湖"一词的模糊性，湖南商人为了避免再生枝节，把行会的
名称改为"湖南会馆"。[56]由于从湖南经洞庭湖运来的木材不走
荆关，荆关也就未能在繁荣的汉口木材贸易中抽分获利。从1806
年至1823年，荆关监督一直报告税收短缺。[57]1857年，朝廷在
武汉新设了一个征收竹木税的税关，名为"新关"，专课流经汉
口之木材，税银正额为27700两。到19世纪90年代，新关在正额

68   外盈余 12295 两，盈余的很大一部分源于湖南木材。考虑到 19 世纪下半叶国内榷关收入的普遍下降，这一成就着实显著。[58]

湘西的辰关

　　鉴于湘西地区成为日益重要的木材源地，本节将细致深入地考察辰关。湘西木材课税的制度史和税收趋势反映了前述对榷关税收数据细致考察的重要性，并揭示了 18 世纪湘西和贵州东部沅江流域木材贸易的繁荣发展。辰关设立的确切时间已无可考，现存对该税关最早的记载可追溯到 1686 年，但它直到 18 世纪 30 年代以后才被正式归为工部关[59]并由辰州知府直接管理。

　　辰关在木材贸易结构中的地位有待厘清。图 2.3 标记了位于湖南和贵州东部的主要木材产区。产自湖南和贵州、广西部分地区的杉木被称为"广木"。使用"广"字，是因为在 1664 年以前，湖南和湖北曾是湖广行省所辖的一部分，在那之后，口头上仍继续以"广"字称之。广木的质量一般被认为比"西木"（来自江西的木材）好。广木按产地又分为两种，湖南东部湘江、资水流域所出产的木材被称为"东湖木"，湖南西部、贵州东部的沅江流域所出产的木材被称为"西湖木"。其中，西湖木的品质更优。[60]辰关所处的位置恰好可以对所有最接近产地的西湖木课税。然而，辰州本身并不是一个交易市场。西湖木的第一个主要市场位于沅江下游的常德，那里的木商聚集在德山镇进行贸易（办解皇木的湖南官员也常光顾那里采买木材）。沅、澧、资、湘四水汇入洞庭湖，在岳阳汇入长江，木材在那里再须整合编扎为大簰，方能抵御滔滔江流。[61]

辰关只课木、盐之税。1726 年，湖南巡抚布兰泰开始审查辰关的税收。康熙年间，辰关的税银定额只有 2400 余两，其中盐税 1375 余两，木税 1030 余两。据布兰泰的奏报，到 18 世纪 20 年代，辰关盈余已达 6000 两以上，其中三分之二来自沿沅江而下不断增加的木材量。鉴于康熙年间中央对榷关控制较松，这些盈余未向户部披露，而是被截留在辰州府，或者按布兰泰所言，它们大多被知府私人贪墨。布兰泰建议指派专差梳理辰关税收并重设税银定额。[62] 在布兰泰的提议下，辰沅永靖道的道台王柔在 1728 年至 1730 年督办了辰关税务。根据这几年的税收数据，辰关的税银正额自 1732 年起增加到 12500 两，如遇闰月年则增至 13400 两。[63]

辰关所报税收在 18 世纪余下的时间里所呈现的变化模式耐人寻味，它清楚地表明了漏报税收的情况（图 2.4）。第一个值得关注的特征是锯齿形的税收变化折线，它对应着平年和闰年的不同定额。王柔在 1728 年、1729 年和 1730 年所征税收分别为 9370两、12452 两和 13417 两。当根据这三年的税收设定正额时，当地官员认为，由于 1730 年是闰年（在中国传统的历法中，采用十九年七闰的置闰方法），这一年较高的税收源于闰月所征的额外税收，因而不应将其设为定额。最后，官方取中间值 12500 两为平年的定额，取 13400 两为闰年定额。[64] 然而事实上，布兰泰的奏折中提到 1725 年的税银约为 8400 两，那么这些年税收的稳步增长很可能是木材贸易额显著增长的反映，这得益于当时清水河的

69

70

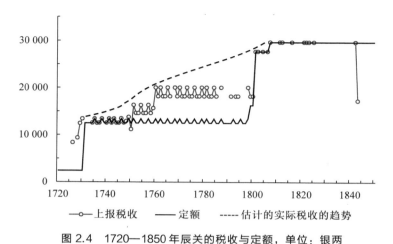

图 2.4　1720—1850 年辰关的税收与定额，单位：银两

资料来源：第一历史档案馆、清代宫中档奏折及军机处档折件资料库

疏浚，它为苗区的木材供应打通了商路。[65] 这些年木税收入的增
长很可能是贸易繁荣这一长期趋势的前奏，这得益于交通运输的
改善和苗疆军事行动的结束。1730 年是闰年的事实并不能解释从
1725 年到 1730 年的变化趋势。更重要的是，木材贸易有季节性，
在不同季节中多出一个月不太可能带来税收的等幅增加。

　　因此，税收的锯齿形变化更有可能是有意隐瞒税收的结果。
雍正、乾隆时期的税关盈余需要与之前年份的盈余进行比较。以
辰关为例，平年的税收应与之前平年年份的税收进行比较，闰年
也是如此。如果我们把平年和闰年的税收变化序列分开，这两个
序列除了个别的波动外都保持着非常稳定的状态，这说明多数官
员在上报税收时只是在前一年税收的基础上多增加了几两。税收
增长的阶梯模式也支持了这一推论。1751 年和 1760 年上报的税
收大幅增加，分别增长了 18% 和 23%。有趣的是，随后的几年里

上报的税收都立即追平，并在该水平上保持稳定。市场波动不会遵循这样整齐划一的模式。因为可征税目和额定税率没有变化，所以对所呈报税收呈阶梯状的唯一解释是，大多数官员都依葫芦画瓢，只有少数具有改革思想的官员披露了实际税收情况。

　　在 1751 年和 1760 年的官方档案中几乎找不到关于税收激增的解释，但 18 世纪和 19 世纪之交的事例可以提供一些思路。1799 年，嘉庆皇帝规定辰关的"钦定盈余"为 3800 两，使总定额接近 16300 两，但仍低于通常呈报的实际税收。此外，闰年不同的税银定额也不再执行。1800 年呈报的税银为 18215 两。然而，几个月后，曾亲自调查过辰关税收的湖南巡抚祖之望上书称，辰关 1800 年的实际税收为 27711 两。[66] 此后辰关每年都呈报了这个确切的数额，直到 1807 年，湖南总督景安将之前留存税关内的部分税收也纳入呈报中，这部分税收即扣除税关支项后 10% 的火耗羡余。这一举措使得实际定额达到 29692 两，这也正是接下来几十年辰关所呈税银的数额。[67]

　　税关数据在 19 世纪 40 年代以后变得零散，但 19 世纪中期的萧条和之后七八十年代的复苏值得注意。由于未知的原因，20 世纪初的税收急剧下降。然而，随着 19 世纪下半叶厘金制度主导了国内常关税制结构的大趋势，19 世纪 50 年代以后的税收数据无法与 18 世纪的数据直接比较。如果我们认同地方呈报税收的峰值即代表真实的税收情况，并将这些点连在一起，那么图 2.4 中的虚线应该能让我们大致了解 18 世纪市场扩张的趋势。经过辰关的木材的货币价值亦可在这些时间点上估算出来。从 18 世纪的税关收入中减去约 3600 两的盐税后，剩下的应该是所课木

71

税的估值。[68] 以辰关 3% 的木税税率计算，1730 年途经辰关的木材价值约为 30 万两，1750 年为 40 万两，1800 年为 80 万两。由于税关计算税额所依的商品"价格"或多或少是既定的，因此这一增长主要反映的是木材数量的增加。粗略估计，到 1800 年，沅江流域的木材贸易占长江木材贸易总量的 15% 到 30%。

税关数据中的所有信息现在都有了眉目。18 世纪，长江下游地区的木材消费大幅增长。在 19 世纪初，消费增长的势头虽然减缓了，但据保守估计，每年运抵南京的木材数量仍然保持在 400 多万根。这一消费水平的维持得益于江西木材的持续供应（当时江西人工造林已颇为广泛）和湖南、贵州木材供应的不断扩大。到了 19 世纪，商业化的林业在西南地区也建立起来。木材供应的变化、不同商帮团体之间的重组竞争和西部地区新木材市场的出现交织在一起。尽管所涉地域广泛，参与者众多，但区域间的木材贸易表现出了高度的一体化。这可以从人、物的季节性流动，南京和汉口对整个供应链关键的信号效应（signaling effect），以及行业采用特有行话和计量系统的统一等方面体现出来。

行话、计量和定价：龙泉码

木材行业最显著的文化特征是在局外人看来纷繁复杂的"龙泉码"，它发明于 17 世纪早期，是一套用于木材计量和定价的特定术语体系。其使用范围广泛，涵盖了南方的浙江、福建、江苏、安徽、江西、湖南、湖北、云南、贵州、广西等省份，与长江流域木材贸易体系的地理跨度完全一致。龙泉码被深入应用在木材贸易的各个方面，以至于 1930 年国民政府的计量改革遭到木材行业最强烈的抵制。直到 1954 年，它才被公制取代。[69]

计量和定价是任何商品交换的基础。许多商品（如粮食和纺织品）的日常价格长期以来一直被表达为一个线性函数，即每个单位量的商品对应特定数量的货币——每石米对应一定数量的白银、每匹布对应特定数量的钱币等，这是我们习以为常的量化表达。木材则略有不同。龙泉码的发明是基于这样的认识，即原木的价值不是其体积的线性函数，而是凸函数，这意味着它的价值增长率随着体积的增长而更高。我们凭直觉可知，一整个木条比两个体积加起来同等大小的小木条值钱得多。随着木材来源日益从天然林砍伐转变为商业人工林生产，人们越发强烈地感知到这种凸函数性质，因为树干体积的增长现在直接与所投入等待时间的增量和时间的货币价值挂钩。龙泉码系统的设计直接体现出，人们已经了解到原木价值与其体积之间的非线性关系，以及时间的货币价值。

据说这一计量系统由郭维经的长女郭明珠设计，郭维经是明末进士，亦是抗清名臣。郭维经是江西龙泉县（1914 年后更名为遂川）人士，该地以种植和出口杉木而闻名。郭明珠设计了一套材积表，按木材生长的不同阶段将木材分为九"码"。她设计了一套基于圆围和长度的算法，据此可以确定每根原木的"码"价。[70] 这一计量系统在明清之际得到广泛应用。乾隆初年，两位徽州木商进一步调整了龙泉码，以更好地适应实际需要。[71]

龙泉码的设计理念简单易懂。它引入了一种基于木条圆围的凸函数，圆围即木条在成人眉眼高度的周长。一根原木的圆围在 0.95 尺到 7 尺（滩尺）之间，以 0.05 尺为间隔划分等级，共有 122 个等级。每一个等级都对应一个叫做"两"的值，这是一个抽象的单位，与白银的货币单位"两"是同一个字。为避免混淆，下文简称"龙泉两"。各等级圆围与龙泉两的对应关系，通常会列在一个完整的表格中以供木商参考。若将龙泉两与圆围的函数关系以数学公式表示，则如下式所示。例如，一根圆围 1.5 尺（胸径 0.48 尺）的原木为 0.09 龙泉两，圆围 2 尺的原木（胸径 0.64 尺）则为 0.28 龙泉两。在图 2.5 中，龙泉两的曲线看起来非常像指数函数。虽然在码价算法中圆围的上限高达 7 尺，但实际上圆围超过 5 尺的原木（皇木类别中的"桅木"）非常稀少，它们的价格在交易中通常需要单独协商。[72]

$$LQ\ liang = f(c) = \begin{cases} 0.02, & c \leqslant 0.95 \\ 0.03 + (c-1.0) \times 0.1, & c \in [1.00,\ 1.40] \\ 0.07 + (c-1.4) \times 0.2, & c \in [1.45,\ 1.50] \\ 0.09 + (c-1.5) \times 0.3, & c \in [1.55,\ 1.80] \\ 0.18 + (c-1.8) \times 0.5, & c \in [1.85,\ 2.50] \\ 0.53 + (c-2.5) \times 1.0, & c \in [2.55,\ 3.00] \\ 1.03 + (c-3.0) \times 2.0, & c \in [3.05,\ 3.50] \\ 2.03 + (c-3.5) \times 4.0, & c \in [3.55,\ 4.00] \\ 4.03 + (c-4.0) \times 8.0, & c \in [4.05,\ 4.50] \\ 8.03 + (c-4.5) \times 16.0, & c \in [4.55,\ 5.00] \\ 17.63 + (c-5.0) \times 32.0, & c \in [5.05,\ 5.50] \\ 32.03 + (c-5.5) \times 64.0, & c \in [5.55,\ 6.00] \\ 64.03 + (c-6.0) \times 128.0, & c \in [6.05,\ 6.50] \\ 128.03 + (c-6.5) \times 256.0, & c \in [6.55,\ 7.00] \end{cases}$$

c 是一根原木的圆围，以 0.05 尺为间隔

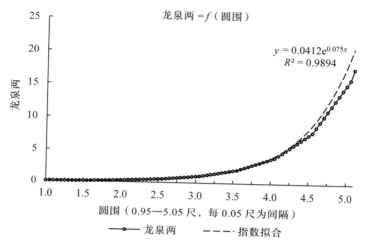

图 2.5　龙泉两与原木圆围的函数关系

资料来源：汤丙南《汉口测木材之法》；吴传钧《南京上新河的木市——长江中下游木材集散的中心》，注释 14；王伯心《南京市木材贸易计价方法概要》，表 1、表 2

一旦一根原木的圆围被换算成龙泉两，它就可以被归入九 74 "码"之一（表 2.2）。每个"码"都清楚地以相应龙泉两的数值范围命名。以"两"作为实体单位或抽象单位时，1 钱为 0.1 两，1 分为 0.1 钱。例如，0.03—0.1 龙泉两（即 3—10 分）归为"分码"，而 0.1—0.2 龙泉两（即 1—2 钱）则归为"小钱码"。同样，"中钱码""大钱码""单两码""双两码"以及"七八九码"（七八九钱）等都以此方式命名。

在木材交易中，每一级"码"的单价是不同的。市场价格以每龙泉两所值的白银两表示。例如，一根圆围 2 尺（胸径 0.64 尺）、长 42 尺的木杆，计为 0.28 龙泉两，属于"中钱码"。如果目前"中钱码"的市价是每龙泉两值 13 白银两，那么这根木材价值 3.64 白银两（13×0.28）。在价格表述中一般称为每"贯"龙泉码为若干两或若干贯（白银）。如前文英安所说的桅木，圆围 5 尺，"核之龙泉码价，要卖十六两零三分"，即 16.03 龙泉两，与前述公式相符；"一贯且作十贯而论"，意为假设价格为每龙泉两价值 10 白银两，"则到南京亦值一百六十余两"。

表 2.2　龙泉码表

码	龙泉两	最小长度（尺）	圆围（尺）	胸径（尺）	树龄
子木	0.02		≤ 0.95	≤ 0.3	≤ 15
分码	[0.03, 0.1)	32	1.00—1.50	0.3—0.5	15—35
小钱码	[0.1, 0.2)	36	1.55—1.80	0.5—0.6	35—45
中钱码	[0.2, 0.4)	40	1.85—2.20	0.6—0.7	45—60
大钱码	[0.4, 0.7)	46	2.25—2.65	0.7—0.85	60—80
七八九码	[0.7, 1)	52	2.70—2.95	0.85—0.95	
单两码	[1, 2)	60	3.00—3.45	0.95—1.1	
双两码	[2, 4)	60	3.50—4.00	1.1—1.3	
飞码	[4, 256]	60	4.05—7.00	1.3—2.3	

资料来源：汤丙南《汉口测木材之法》；吴传钧《南京上新河的木市——长江中下游木材集散的中心》，注释 14；王伯心《南京市木材贸易计价方法概要》
注：左起第一列是龙泉码的九个码。每个码有对应的龙泉两数值范围（左起第二列所示），龙泉两是通过圆围来计算的。每个码也有相应的最小长度（第三列）。第四列指的是每个码相应的圆围范围。第五列指的是相应的胸径范围。第六列指的是相应的树龄范围。

　　每一码价级都有材质长度的最低标准。对长度不足的木材，会按规则将龙泉两折价计算。* 如果一根原木有尖（顶部过

---

* 对不足标准的木材进行测量与计码时所做的折算处理，有"让篾"和"让码"两种折算方法。

细）、弯（木材弯曲）、疤（有死节）、槽（木材的不规则缺陷）、空（有空洞）、破（破裂或有击伤）、烂（木材腐朽）等问题，那么龙泉两也可折算。买卖双方就这些缺陷讨价还价，以调整有分歧的龙泉两数量。换言之，在每笔交易中，双方的价格谈判都围绕两个方面展开：码价（以龙泉两为计量单位的码数）和其单价（每龙泉两所值的白银两）。单价的议定是围绕当时的市场价格进行的，而码价的商定则主要依靠木行或其他市场代理的居中调解和中立判断。龙泉码的使用是这些牙行在木材交易中长期享有声望和财富的一个重要原因，因为他们在龙泉码价的计算和调整中扮演着居间仲裁的角色，人们很难绕过他们完成交易。

　　如何在定价中使用龙泉码？我们可通过一份 1900 年的账簿文书的第一部分一探究竟（表 2.3）。[73] 这份文书的缔结双方为徽州的卖家王义生和杭州的中间商同福兴木行。王义生共销售原木 917 根，其中"分码" 533 根、"中钱码" 11 根、"子木" 373 根。对于这三个类别，文书中对其所对应的龙泉两的总数都有记录，并附有据木材缺陷折算码价的情况。例如，533 根分码木总共是 23.7825 龙泉两（平均每根 0.04 龙泉两），然后减去 0.1903 龙泉两的"让码"，总共是 23.5922 龙泉两。分码的市价为每龙泉两 11.7 白银两，故该码的价值为 276.02 白银两（23.5922 × 11.7）。按此方法计算，再加上"中钱码"和"子木"，所售木材的总值为 338.7 白银两。这些钱要减去场街租，围量工、排甲匠和挖塘工的工钱，对商业、慈善团体和当地官府的"捐纳"以及王义生的差旅花费。此外，该木行此前向王义生垫付了一笔贷款，作为"已预支给卖方"的款项（129.4 白银两），这笔钱要从销售收入中扣除。最终，王义生从这笔交易中盈利 200.3 白银两。

这份文书揭示了龙泉码价如何实现戏剧性的简化过程。成

表 2.3　1900 年同福兴木行与王义生的交易

类别	数量	总计龙泉两	平均每根的龙泉两	折扣	价格（白银两/龙泉两）	金额（白银两）
收入						
分码	533	23.7825	0.04	0.1903	11.7	276.02
中钱码	11	2.28	0.21	0.02	13	29.38
子木	373	3.73	0.01	0.03	9	33.3
						全部收入：338.7
支出						
场街租						−0.12
围量工						−1.92
排甲匠						−0.14
挖塘工						−3.05
客膳						−1
兵差						−0.07
沙粮费（给徽州木业公所的"捐纳"，见第五章）						−2.2
惟善捐						−0.51
同善捐						−0.34
						全部支出：−9.35
先前已预支给卖方						−129.4
卖方已付使用开销						0.35
						总计支付给卖方：200.3

资料来源：刘伯山《徽州文书》第三辑，卷 7，第 245 页

注：左起第四列数据（平均每根的龙泉两）由作者计算，等于第三列数据除以第二列数据，其余信息均来自原始文献。小数点后的数字也来源于原始文献。货币单位为白银两。可以发现一个等式，第七列数据 =（第三列数据−第五列数据）× 第六列数据。

百上千根原木的尺寸和材质特征都在几个码价分类中呈现，每个码价都用龙泉两计量。同时，与按立方米的总体积计量不同，"码—两"定价系统保留了价值与体积之间的凸函数关系，并允许梯度定价，由此赋予了大木更高的单位价值。* 这个系统对木材贸易中所用术语和所遵循的惯例作出了规定。木材行业的从业者很少提及原木的实际大小和数量，他们会说"小钱码 12（龙泉）两"，而不是"100 根 1.6 尺圆围的杉木"。一位商人在探讨不同码价木材的市场状况时评论道："销路是以分码最普通……以分码为主，小钱搭十之三，中钱搭十之一二。再以后，分、小钱销路广，而中钱次，所以每一号家，货将售完，必剩存中钱若干。"[74]

77–78

　　在谈及木商的经营规模、商帮实力、木材市场规模时，他们通常用龙泉码作为衡量比较的依据，而不是直接谈论原木数量或货币资本量。下述对西帮和临帮的比较就说明了这一点："江西帮盛时，不过十二家，惟每家来货，岁有三四届，每届约二三千码不等……临江帮，以产木区地临接壤，故营此业者，较江西帮多。其采购法不以多为主，而求其速，故来排自六七百码至千数百码，大者不逾两千码；规模弱于江西帮，而号数人数盛于江西帮，故团体之势力壮于江西帮。"[75] 如果没有充分的培训和行业经验，新手很难听懂老手之间的基本对话。难怪当一个生员转行开始参与家族的木材生意时，他要做的第一件事就是熟记龙泉码价表。[76]

　　靠近木材产地的地方在计算龙泉两时也有一套折算的做法。

---

* 即"大材大价"。

在汉口、南京等大型市场中，各码的基准单价是确定的，而沿江运输的成本则通过龙泉两的折算部分地反映在上游市场上。例如，在产木的山区测量原木的圆围时，1.1尺被算作1尺，圆围应在"水眼"上方9尺处测量。"水眼"是为系木成筏而在木材粗的一头所钻的孔洞。这样所测得的龙泉两数再进一步折扣8%。木材运到当地的苗族集镇锦屏后，1.07尺算作1尺，圆围在"水眼"上方8尺处测量，仍然再加8%的折扣。到常德，1尺就算作1尺，圆围在"水眼"上方5尺处测量，整体折扣率降至5%。再往下游的地方，计量方法与常德相同，而折扣率则持续下降，直到汉口和南京，折扣率分别仅为1%和0.5%。[77]

这种龙泉码价的折算制度标志着长江流域木材市场的高度一体化，也体现了西南木材以长江下游市场为导向的程度。供应链上的实际价格差异是由运输成本以及其他各项因素导致的。实际价差通过两个方面表现出来：一是每龙泉两所对应的货币单价的不同，二是靠近木材产地的龙泉码折扣。经济史学家必须认识到，如果不考虑龙泉两的折扣调整，市场所报的单价所呈现的差异本身并不能百分之百反映真实的价格差异。

本章小结

18世纪，长江下游地区的木材消费有显著增长，人均消费也有较小程度的增长。虽然市场需求的推动力在19世纪上半叶减弱了，但边疆森林对民间木材市场的供应保持稳定。在18世纪

第三章

木材资源的维系

在森林砍伐加剧的大背景下，为什么前现代的中国仍能颇为
有效地管理森林？[1]在学者们使用浩如烟海的地方家谱和契约
文书之前，就已有零散的证据指出了一系列可能让种植林持久的
必要条件。这些必要条件（而非充分条件）的核心，是林产品的
市场需求和限制资源使用权限的能力。[2]尽管对森林资源的过
度需求一直被认为是致使天然林枯竭的主要因素，但在中国和其
他地方，市场对日益稀缺的资源的需求也可转化为从森林管理中
所得的可观利润，这反过来又能刺激长期投资。[3]例如，在美国
历史上，整个19世纪后期滥砍滥伐盛行。但从20世纪20年代开
始，大的木材公司开始通过在皆伐区（clear-cuts）重新植木来获
利。在中国，早在12世纪的南宋时期，人工种植林的发展就与
城市市场的不断发展相辅相成，这为中国南方的森林管理开启了
以市场为导向的先河。[4]明清时期，在景德镇一带的山区，朱门
富贾亦种植薪材，为御窑提供燃料。[5]闽江水系业已成熟的木材
销售结构便仰仗了在福建种植的杉木和樟木。[6]

虽然市场需求和对资源获取的管控推动着林业管理的发展，
但私人在植木方面的长期投入却面临可行性的难题。即使市场景
气时的潜在收益诱人，这一投入所涉及的风险也会让小家庭望
而却步。且不说潜在的火灾、盗窃和种植无果的风险，树木生长

所需的时间本身就是一个严峻的挑战。[7]杉木至少需要 30 年方能成材，"利溥而迟"。[8]如果不解决成材周期长带来的流动性问题，木材种植也就无法广泛开展。即使在中国最近备受赞誉的"退耕还林还草"计划中（该计划由国务院于 1999 年发起，并提供了大量政府补贴），木材采伐前的等待期仍然是当地农户关注的核心问题，决策者需要仔细考量政策以促使人们植树。[9]在清代以私有制为基础的小农经济中，长周期种植木材的可行性、可盈利性和可持续性是通过怎样的制度方案（无论是正式的还是约定俗成的）实现的？这是一个在资本约束下为长期投资筹措资金的经典经济学问题。

答案是山地的所有权和租佃结构。山地所有权和租佃权被越来越多地划分为在成材采伐前可独立交易的股权。活跃的股权交易使得投资者能够应对木材生长长周期的固有风险，并可将可预期的未来收益转化为现金流以适应家庭的消费模式。在中国南方，尽管地方条件不同，但仍存在一套共同的股份和权属制度，其特征包括：山地私人所有（而非国家所有）；轮作种植面向市场的木材；以股份为基础的林地收益分配；基于土地所有权和劳动投入而确立的可分割、可流通的股份；以书面的契约进行股份转让。这些共性，特别是用于契约文书中的具体条款大同小异，表明人工造林活动和林业管理知识可能伴随帝制晚期的大规模人口西迁而传播。然而，这种传播的机制还有待研究。[10]

上述发现的意义可以从两个更广的视角来理解。第一个是前现代社会的私营业主如何为长期投资融资。商业造林具有农业栽培和商业经营的双重特征。作为主要依赖劳动力和土地投入两个因素的种植业，它自然而然地借鉴了从粮食生产中发展出来的辞令、概念和契约工具：土地租佃、边界规范、中人作证以及用于转让各类土地权利的通行契约。[11]然而，这些共性又掩盖了它们在经济属性上的一些重要差异，特别是在有效的生产规模和生产期限方面的差异。以水稻种植为例，最复杂的土地租佃契约制度就是由此产生的。种植者的收获预期是每年至少一次，甚至两到三次，生产的有效单位很小。在帝制晚期，正是通过在精细分割的稻田上进行劳动密集型的精耕细作，水稻生产才得以实现高生产率。[12]

栽培树木则不同。成材的收获不仅要等待几十年，还需要一定的规模。分割人工林地不易落实，小块林地的小种植户很难拥有树龄各异的木材。在这些方面，林木栽培与商业企业更相似：投资是长期的，通过股权的方式灵活调整所有权状况，以避免物理性的分割。我们不应将农业和商业视为相互独立的专业领域，而应透过一系列契约和股权的实践来理解造林业，这些实践也应用于各种需要一定经济规模的长期投资。这一视角有助于我们理解中国人在历史上是如何通过制度设计来满足投资需求的。

另一个视角是如何比较中国南方与世界其他地区的造林实践。已有的研究倾向于认为，在前现代时期能称得上目的明确、行之有效的森林管理案例中，国家发挥了重要作用。例如，为了应对 14 世纪至 18 世纪的木材短缺和燃料危机，威尼斯共和国将陆地上的森林划归国家所有，并设立专门的官僚机构来管理森林，森林成为国家资产。[13]在早期近代的东亚，与中国势不可挡的林地私有化截然相反，在日本和朝鲜，国家对森林的使用权实行更严格的控制。[14]为了应对 1570 年至 1670 年由全国人口增

82

长和建筑热潮所造成的木材严重短缺，德川政府颁布并实施了一系列规范木材的管理、分配和消费的法令。18世纪的日本经历了人工造林业的发展，通过在政府造林项目中组织劳动力或奖励（或强制）商人投入，国家发挥了直接作用。[15]

相比之下，帝制晚期中国的林业的总体趋势是私有化。国家直接对森林管理的最大干预似乎发生在北宋的最后几十年（12世纪初）。即使在那时，国家的干预也是有限的，且无果而终。到15世纪中期，由国家管理的森林项目几乎不存在，私有林地的登记制度也远未完成。与国家退出直接管理森林相呼应，其对私人木材贸易的管理也越发自由放任。林地私有化和木材分配私有化这两个进程齐头并进。例如，在15世纪至16世纪的长江中下游地区，宗族逐渐占据广阔的林地，并在人工造林上投入大量资金。[16]在西南，尽管缺乏豪门望族，类似的私人植木造林活动也在18世纪和19世纪发展起来。虽然清代也有国家直接控制的森林，比如清廷出于战略和意识形态的目的在东北保留并封禁的森林，但私人管理的林地以及范围较小的共有林地才是关内大部分地区的主要林地形式。[17]私有化背景下的森林管理，其行之有效的知识体系丰富了我们对早期近代林业的成功实践的理解，并促使我们超越关于国有与私有的优缺点的抽象辩论，从而检视特定产权框架所提供的具体激励。

帝制晚期中国的森林产权

帝制晚期的中国存在多种林地产权制度。虽然现代经济学区分了私有（private）、共有（communal）、公有（国有）和开放使用（open-access）等不同种类的产权，但直接将这些概念应用于帝制晚期中国的林地研究会带来水土不服的问题。过往的一些学术研究在没有太多实证依据（除了单纯地依据某些词汇在现代汉语中的含义）的情况下将某些历史上的中文词汇与现代经济学的一些概念等同起来。厘清清代史料中常见的几种林地产权名称与社会科学家广泛使用的西方产权概念之间的对应关系也就至关重要。特别常见的谬误是，人们通常以为帝制晚期的"公山"（直译为 public mountains）与现代公共财产（common property）的概念是对应的，而"官山"（直译为 state mountains）又等同于现代的国有资产概念。在不同地区和时段的研究之间进行有意义的比较，其前提是确定概念的一致性。

84

《诗经》有云："溥天之下，莫非王土，率土之滨，莫非王臣"，然而在实践中，这种"所有权"（ownership）更多的是一种对普遍主权（universal sovereignty）的主张，而不是经济学意义上的产权。唐宋变革之际，国家对土地分配过程的控制权消失殆尽，土地产权制度的私有化变革彻底完成。[18] 在帝制晚期，当人们置田立业、开垦耕耘时，民众成为土地的所有者，其土地私有产权得到国家的确认——因此也就有了"民地"（civilian land）这个说法。这种土地私有产权的确立通常是通过纳税地亩的登记造册完成的。

但即便土地赋税未登记在册，土地产权依然受到国家的承认和保护，这可以得到各种证据的证明。当然，国家也可能进行干预，如在一些地区推行鼓励开垦的优惠政策，而在另一些地方则主张封禁。一旦私有产权通过对土地的劳动和资本投入而得到确立，这些土地就可以像现代私有财产一样被使用、转让、抵押和继承，并以契约这种书面凭证作为证据。例如，对于山林土地，除非是在明确禁止私人占有的地区，当人们——无论是个体家庭、宗族还是村社——划定了使用界限、规范了资源使用或者种植了蔬果植被时，其土地所有权就自动确立了。对于国家来说，村庄公地和私有林地在行文中皆是"民地"，但这两种产权对砍伐和种植有着不同的激励。

与此同时，所有未被特定群体明确或单独占有的无主之地都默认为国家"所有"。"官山"一词意味着国家有权以其认为适当的方式使用此山，无论其决策是采取积极所有权（active ownership）、鼓励私有化还是维持资源开放。这里的积极所有权是指国家明确将某些地区标记出来，禁止某些形式的官方或私人的使用（即所谓"封禁"），或直接管理资源开采的类型、数量和方法，或通过许可制度来限制人们进入森林等情况。清代国家积极管理的最具代表性的例子是对直隶内环拱皇陵的山林、皇帝秋狝的承德木兰围场，以及东北森林的限制性开采。[19]此外，中国南方的一些土匪巢穴也被标为禁地。[20]在中国南方的官山，也有国家尝试对伐木活动进行许可管制的零星案例。[21]为了保护当地风水，有些官山会禁止平民入内。[22]甚至有些地方的官员和士绅会动用个人资金从私人手中购买那些被认为对当地风水很重要的山田，并将其捐出，封禁为官山。[23]

在上述所有案例中，"官山"可等同于现代意义上的"国有森林"（state-owned forests）概念，即国家承担森林所有者的角色，然而，这并不是说国家圈禁管理林地的尝试总是成功的。非法垦伐经常在这些地方发生，但国家干预的意图使它们有别于其他。第二类官山是那些处于私有化过程（不管这个过程是长是短）的官山。虽然尚未被任何私人团体占有，但在国家看来，其官山的名号不过是暂时的，有待（通常是鼓励）私人开垦。[24]这在人口稀少的边疆地区尤其适用。最贫瘠且不易灌溉的土地往往无人问津，自然也就留作"官"产。[25]

在官方档案中，这样的官山常被强调为"无主荒地"，有时还附注那里不征粮税。[26]这些土地名为"官山"，表明它们不存在私有产权——至少是不存在被国家合法承认的私有产权，从而为潜在的垦居者扫清了障碍。例如，广东东部和平县的县令就使用了"官山"的这一意涵，将某些山场勘定为官山，这一做法否定了任何习俗产权的合法性，并为新的所有者开辟了道路：

> 然山拳多可种之地，前此开垦尚希，而是邑旧皆随田管山，虽欲垦支，近山居民辄称祖山或曰赔粮，旧埔穷民畏起论端，莫敢争乾。阅赋役书，知山皆官山，乃广为劝谕，令民勿阻垦力，能垦者听之于□□冈碯岭尽艺芋豆松杉茶油之利，贫民是赖焉。[27]

86

第三种，也是最常见的"官山"，则是国家有意开放给公众使用的，并禁止任何私人团体的垦伐和私有化。[28]"查官山树木，地方官既未禁止砍伐，原属人人可取。"[29]除了作为薪柴、木材、蘑菇和其他山货的公共来源，这样的官山还有为平民提供墓地的重要功能。[30]当地的慈善组织在为流民操办丧葬时，也可使用官山。[31]在这些例子中，将"官山"理解成"国有森林"是一种误读。相反，这种官山更宜理解为"开放的森林"（open-access forests）。从本质上讲，"开放取用"（open-access）强调的是非财产性（non-property）：它指的不是所有权的形式，而是所有权的缺位（absence）。只有当我们根本不需要管理资源时——也就是说，当需求太低而不值得大费周章时，开放取用才是一种适当的资源管理之道。不过随着需求加剧，可开放获取的资源往往被过度开发，导致"公地悲剧"（the tragedy of the commons）。[32]

对于这种开放的官山来说，过度采伐确实是一个严重的问题。例如，福宁知府李拔在18世纪60年代讨论了福建官山面临的无限制采伐问题。他建议以私有化作为解决之道：

> 盖缘闽地多属官山，砍伐无禁，生长枝柯，即被樵采，甚至掘取其根，以供炊爨，不复滋生，遂成童山。至有主之山，其勤俭者，具于山上种植松杉竹木桐茶等树，获利甚多；其懒惰者，山有小树，即寻斧柯，止顾目前，不为远计，遂至美材不生，惟长茂草。有同一山而此青葱可爱、彼零落堪嗟者，勤惰攸分，非山之独为石田也。其窃以为非时之斧斤宜禁，而荒山之地利宜开。若将官山许民认垦，自行获畜柴薪，栽插竹木，其有主之山，谕令广行种植，无许擅行砍伐，将见发生茂盛，数年之后，材木成林，取用不竭，亦足民之一道也。[33]

　　开放的官山因过度砍伐而变得童山濯濯，而辛勤的业主会在其私有的土地上培植树木，从木材和其他产品中获利。同为福建人的吴鹏南也观察到类似的情况，他在 1757 年的一份奏折中指出，官山更易发生过度采伐，植树只在私人田产上出现。[34] 这种情况不是福建独有的，而是在中国南方普遍存在。就其实践程度而言，几乎只有私有山场才会有林业种植。

　　广义上的私有产权与国家所有权相对应，它有几种不同的形式。最直接的形式是，一个家庭拥有林地全部的产权，户主拥有处理财产的最终权力，所有其他家庭成员在"共同预算"（common budget）制度下从该产业中分享经济利益。[35] 这是其他更复杂的私有产权制度的原型和基石。租佃会给这个最简单的形式增加一点复杂性，因为地主和种植佃户之间会就如何分配收成作出安排。此外，佃户对土地的使用权或对收成的所有权，可以通过契约正式确立为一种可转让的产权形式。在这些情况下，土地的全部产权可以划分为法定所有权（ownership of the legal title）和用益物权（ownership of usufruct right）。

　　上述讨论涉及单一家庭拥有一块界线分明的土地，至少拥有其法定所有权的情形。这种单一所有者制度的一个变化是，所有者可以是类似法人组织的实体，如寺庙、以宗族名义所有的产业、各种以"会"为名的民间金融组织、学校、慈善组织、商帮等。[36] 虽然明清的法典中没有正式的"法人"概念，但不妨将这些实体理解为类似"法人"的存在。事实上，对土地纠纷案牍的研究表明，清代的地方官将产权主张中从事合伙经营和其他集体经营的实体视为一个单独的实体，而不是离散的个人。[37] 虽

88

然一个实体本身可能由多个股东、投资者或受益人组成，但山林土地的唯一所有者是类似法人的一个整体。无论该实体采用何种决策机制——无论是由某个被信赖的个人管理、成立一个管理委员会集体决策，还是采用投票系统，它都拥有对该财产的最终处置权。

在非单一所有者制度的情况下，一块林地可能有多个所有者。这里的"一块"是指根据其所有权形式不能在物理上进一步分割的最小空间单元。换言之，土地所有者们并不是对应地分割到土地上一个个排他性的子单元。多人共有产权（multi-ownership）可以有两种不同的形式。第一种是基于股权的共同所有权（co-ownership）。这仍然属于今天通常理解的"私人所有权"范畴，因为每个所有者从该财产中受益的权利是由其持股比例确定的。虽然土地不能在所有者之间进行实物分割，但其利润实际上是以股份形式分配的。一个所有者的股份与私人金融资产一样，可以被持有、分割、继承、抵押和转让。

多人共有产权的第二种形式是集体化的所有权，这超越了"私人所有权"的范畴，更类似于我们对"公地"（commons）或公有制的理解。对财产、产品或收益的集体所有权不能分割为任何可独立转让的权利（无论是实物还是股份形式）。以一个村庄的共有森林为例，其所有使用者（在这个例子中是村民）共享权利、共担责任，但这种使用权不能为了利益而转让给外人。尽管可以根据具体情况或经过某些申请程序获得使用许可，但共有森林默认是禁止为外人使用的。一些村社就如何利用森林资源的问题成立了集体决策组织，它可以是独立的，也可以是套嵌在现有村社制度内的机构。在这种情况下，使用者的行为受到书面形式的乡规民约的约束，其条文规定了合理利用资源的规则，并对违规者实行罚款或其他形式的惩罚，以维持村社可持续的资源产出。[38] 这种村社集体管理的实践正是对公共资源管理中"集体行动"之研究的兴趣所在。[39] 当森林公地的管理条规变得薄弱或不存在时，它们也就更近似于开放的森林。

89

汉语中的"公山"既可以指村社共有地，也可以指存在大量持股人的私有共同产权。这并不奇怪，因为两者在实践中的界限常常被模糊化。以往的研究中经常假定"公山"即森林公地——毕竟，"公"的字面意思就是"公共的"（public）。学者们会忽略"公山"可能对应着以上两种截然不同的所有制形态，主要是因为当这个词出现在法律文书、奏折或地方志时，它经常被用来传达一种模糊的意思，即许多人都有份，涉及很多人而不是个别人的利益；通常这些材料中并没有必要指明这种"有份"在某个具体的山林财产上是如何界定的。只有仔细考察"公山"一词在林地契约以及村落和宗族法规中的用法，才能揭示"公山"的不同含义。

另一个棘手的术语是"族山"（或"祖山"），它可指三种不同的情况。第一，这个词可以指一个宗族的"公地"，只有族人可以伐木、采摘或埋葬死者。宗族公地与村社公地相类似——事实上，中国南方的许多村庄都是单姓村。宗族的规范对公地的使用时间、禁区、可免费采集的山产加以限定，有些物产还会有特别的配额或其他限制。[40]

第二，"族山"一词可以指以宗族的名义、以类似法人的身份（即脱离任何宗族成员个人）所有的山，其产生的收益并不在族众间分配，而是作为族产保留管理，用于再投资或资助宗族事务，如祖先祭祀、慈善助学、扶赡孤寡等。宗族也会通过规章来禁止亲属侵吞、盗窃这些共有的族产。宗族公地和合财族产之间确实存在一定的模糊性。例如，一个山上生长的所有木材为宗族实体所有，但允许族人采集蘑菇、草药或捡拾小树枝作柴薪之用等。

第三，"族山"一词可以指共同所有权的持股人完全（或大部分）是同一宗族的成员，他们根据每户的持股份额来分配收益。某个姓氏在股权结构中的垄断或主导地位可能是巧合——例如，该姓氏可能恰巧在当地的人数居多；也可能是有意限制的结果，比如有些条款规定该姓族属享有优先购买权，或者禁止将股份出售给其他姓氏。在这些情况下，虽然产权的转让不是绝对的，但与其说这种产权是宗族所有的族产，倒不如说它是通过持股实现的私有权更为恰当。虽然股东们都很清楚这座山不是族产，而是由股权定义的私有财产，但"族山"一词经常用于对外的产权纠纷之中，通常针对另一个宗族的成员侵犯到该处财产权利的情况。

有时，同一块山林在不同的语境下可能被称为"官山"或"公山"，或既是"公山"又是"族山"，因为这些中文语汇的含义有所重叠（表 3.1）。在法律文书中，"官山"和"公山"都可以用来强调森林的非排他性，即试图论证争讼各方均有权使用。例如，在 1832 年，两个单姓村（冯姓和罗姓）就他们之间的森林起了争执。虽然这片森林一直对两村村民开放，但冯姓村村民为了阻止罗姓村村民的进入，声称这处林地是他们的祖产，这导致了一场涉及过失杀人的暴力纠纷。这里不关注这起过失杀人案的细节，而是注意到在刑部批文的不同段落中，这片森林被称为"官山"和"公山"。这两者含义相同，都表达两姓村民应该享有平等的使用权。[41]

表 3.1　山林的分类

中文名称	使　用　情　境
官山	国家所有的山地 等待私有化垦荒的无主土地 开放的林地
公山	社群公地 开放的林地 多人共有的私人股权结构
族山、祖山	宗族成员共享的公地 以宗族名义类似"法人"所有的族产 由来自同一个宗族的多人共有的私人股权结构

资料来源：由作者归纳、提炼。

同样，"公山"和"族山"在森林公地和私人持股共有（private shareholding co-ownership）的意义上也有重叠。诸如"陈姓公山"这样的说法可以指该山林只对陈氏宗族开放，其族众可在此捡拾柴薪和埋葬死者。[42]此外，以私人持股为基础、由许多同宗成员共有的山林，也可能被称为"公山"，以强调股东之多；也可能被称为"族山"，以强调股东的同姓同宗。然而，我并不认为这些语汇含义上的交叠表明了产权的模糊性。尽管它们确实有违洛克理想化的私有产权绝对性，但这种绝对性即便在早期现代英国的现实中也并不存在，我认为它不该成为产权唯一的金科玉律。放在具体的案例中，这些术语的调用者通常非常清楚地表达了他们试图主张的具体权利，对产权的界定是十分明晰的。下面用实例说明这些类别。

黔东南清水江的下游流域

自 18 世纪以来，中国西南地区的木材，特别是贵州和湖南所产之木，在满足长江下游地区迅速增长的木材需求上变得越发重要。在繁荣的木材贸易刺激下，天然林逐渐被消耗殆尽。至 19 世纪三四十年代，在沅江流域容易进入的原始森林已经消失不见。[43]但滥砍滥伐并不是故事的全部。在自然植被枯竭后，木材贸易的潜在收益激发了以市场为导向的木材种植。[44]湘黔交界地区，特别是清水江流域，得益于广泛的木材种植，直到今天仍然是重要的木材源地。1942 年对该地种植林业的调查报告显示，年产小型木材（周长在 1 尺至 2.2 尺；胸高直径在 0.3 尺至 0.7 尺）的数量高达 30 万根，总存量 2000 万根；超过这一尺寸的木材年产量约为 12 万根，总存量为 640 万根。[45]

下文所用的主要史料源自黔东南清水江流域（沅江上游流域的一部分），那里的木材种植和山场租佃在 18 世纪中期就已颇为普遍。在清水江下游河谷留存下来的大量文献中，可以看到当地的植树习俗和林地产权交易所用的契约文书。这些文献被统称为"清水江文书"，近年来经学界广泛的收集、整理，并通过一些大型的编纂和出版项目而得以面世。我所使用的文书集中在锦屏县

92

和天柱县之交的文斗村和平鳌村。这些文书上迄 18 世纪中期，下至 20 世纪早期，主要包括林地买卖契约、租佃合同和股份与收益分配协议等。其他材料包括分家书、诉讼禀稿、乡规民约、争讼判辞等。[46]

清水下游地区主要居住着苗民。根据当地碑刻，他们中的精英阶层到 17 世纪似乎已经非常熟悉汉人的行政制度。就本研究而言，当地社会最重要的转变是在木材种植业中采用了汉文式契约。一份清代家谱将栽种杉木的做法追溯到明末。[47] 在 18 世纪中期，木材在清水江下游已非常普遍。这种活动似乎已经从清水下游蔓延到中上游地区。到 18 世纪晚期，清江厅（黔东南汉化程度最低的边地之一）的"黑苗"开始效仿清水江下游地区投身木材种植，并在市场上出售木材。[48]

乾隆《清江志》记载：

> 黔山多童，先年之苗不习松杉等利，山中之树听其长养，竟多不知其名者。今则种松栽杉，森森郁郁，剧有繁昌象。而地又近河，每年伐木扎排，顺流而下，售于洪江、常德等处，而生民之日用舒矣。[49]

一些官员积极推动苗民种植木材和果树。[50] 至于汉文契约的使用，18 世纪 50 年代的观察表明，即使是汉化程度较高的苗民也很少使用汉文契约。[51] 而到 18 世纪后期，清水江下游的苗民已经习惯使用契约，其概念和体例与中国其他地区相似。19 世纪上半叶，关于林地产权和租佃权的契约交易迅速发展。

93

木材种植及其挑战

杉木的培植技术在帝制晚期已经相当成熟。人们在树木生长的头几年实行林农间作，每年可有额外营收。然而，在树冠闭合后，间作不再是可行的选择。因此，尽管这些造林手段提高了效率，但木材种植回报期过长仍然是一个严峻的挑战。这个不利因素不能仅靠种植技术来解决，而是需要制度创新。

杉木种植技术相当灵活。即便经过砍斫或遭受火灾，杉木的树桩上也很容易再次发芽，这使得繁殖相对容易。它可以通过种子繁殖、蘖芽萌生和嫩枝扦插等方式生长。[52]不同时期出版的农书中有零星证据表明，在13世纪至16世纪，利用嫩枝扦插种植的方法似乎是主流；此后，从树桩上割下蘖芽萌生的做法取代了前者，因为蘖芽生长更快，成功率也更高。[53]17世纪的农学百科全书《农政全书》详细解释了在安徽南部使用的"插杉法"，即培植从树桩上切下的杉木嫩苗。《农政全书》指导读者要先将地耕过，种芝麻一年以备田土。然后，在农历的来年二月，截下嫩苗芽头一尺二三寸，插下一半入土筑实。每年耕除杂草，或林农间作，夏种粟，冬种麦。[54]清水江地区使用的另一种方法是种子繁殖。九月，从枝叶繁盛的杉木上收集种子，然后种植在苗床上。第二年六月，当杉秧长到一米左右时，再分行成列地移出种植。与扦插种植相比，种子繁殖的方法更耗劳力，但培植出的树木质量更高，发芽效果更好。在实践中，这两种方法经常轮换使用。[55]

在杉木生长早期，为适应树冠逐渐闭合带来的光照水平变

94

化，需间作种植耐荫性不同的作物。其中一年生作物包括小麦、小米、玉米、红薯和木薯。有时一年生作物之后是多年生作物，通常是油料树种，如桐木（油桐，*Aleurites fordii* Hemsl.，或木油桐，*Aleurites montana* Wils.）和油茶（*Camellia oleosa*），它们通常可有多年收成。树冠在三到五年后闭合，土地也就无法再作农用，尔后只能完全用于木材种植，直到木材收获后再重复上述循环。[56] 这种早期混农林业管理制度，先前被认为是起源于英国殖民时期缅甸的"汤雅"（Taungya）造林法，*但已经在中国被汉族和少数民族使用了至少三个世纪之久。[57] 在现代的杉木培植技术中，这种传统的林农间作仍然作为一种经济的、生态可持续的方法而得到推广。[58]

　　林农间作的最初几年里每年都有农收，但一旦树冠闭合，就要面对长达几十年的漫长等待。其间，在木材收获、出售之前，土地上几乎没有任何收入。与其他用材树种相比，杉木的生长速度非常快，这使得它在种植者中大受欢迎。但要生长到通用木材的尺寸，仍然需要至少 30 年的时间。最近的林业科学研究表明，杉木人工林因为有 30 年以上的轮作周期，因而可以改善土质（特别是酶活性和微生物群落多样性），而缩短轮作周期则有可能降低土壤肥力和产量。[59] 维持 30 年的轮作惯例是保证长期可持续生产的一个基本因素。然而，在以家庭为基础的前现代农业经济中，树木生长的长周期意味着很难将未来的预期收益转化为现金，以满足家庭不时突发的消费需求。如果只是种几棵树作为家

---

*"汤雅"源自缅甸语，意为"山地耕作"，1856 年首次实行。这是在短期内种植森林作物与农作物的一种方法。

庭固定的农业收入之外的贴补或保险，那么可以仔细规划时间来筹备将在婚姻和丧葬中产生的大量开支。例如，早在 13 世纪就有记载，在安徽南部，人们会在孩子出生时种植几棵杉树，待其成婚之时便可作彩礼或嫁妆之用。[60] 然而，倘若像清水江下游地区那样，木材种植是家庭经济的支柱，就必须有效地应对种植周期过长带来的挑战。

为了解决树木种植回报中时间结构方面的问题，林地所有者可以在自己的土地上种植不同树龄的树木，以确保收入更稳定可靠。但是，如此一来木材生产的规模就必定很小。另一种选择是，在木材生长期间的任何时候，人们在一个活跃的市场交易未来收入的期权。个人可以通过购买一些种植有不同树龄树木的山场的股份来分散他们的投资，并通过出售他们的股份来轻松套现。通过林地的票据化而使投资多元化，这正是清水江下游地区所采取的主流策略。这一系统类似于远期合约市场（forward-contract market）的原型。它具有更强的灵活性，并使木材生产和砍伐的规模化成为可能。

山场交易的类别

成材过程中林地股份的确立、分割和转让皆是通过书面契约完成的。这里考察了清水江下游地区所用林契的格式和条款。这些契约文书的样式、表述、款约和特别条款等在中国各地的农地交易中普遍使用，已经过数世纪的发展。[61] 而这些熟悉的元素在木材种植的经济逻辑作用下，被创造性地重新组织起来，使木材股权的确认和转让成为可能。

山场林契大致可分为三类：（1）土地所有者与种植者之间确立租佃关系；（2）有关山场产权的交易；（3）共有人之间的协议。每一大类还可再进一步细分为一些子类（表 3.2）。虽然租佃契约和共有人协议的子类别与契约题头相对应，但交易契约的进一步划分需要分解契约题头中使用的宽泛表述（如"卖山场""卖木"和"卖山场杉木"等），并佐以契约正文中的条款等详细信息加以甄别。这可使我们对交易的各种产权有更加清晰的认识。附录 C 详细描述 96–97 了我组织本章所用到的数据的方法，包括根据林契本身而不是先入

表 3.2　林地契约的分类

类　别		描　述	文献数量	
租佃关系				
T	租佃合同	建立地主和栽手之间的租佃关系，通常会约定双方对未来收益的分成，分成比例会通过 D 再次确认	142	
D	分成合同	地主和栽手确认未来的收益分成，通常是在租赁期的第五年	36	
木材林地权利的交易			844	100%
W	整个产权	整个产权的交易	158	18.70%
S	部分产权	整个产权按股份分割，其中一部分股份的交易	270	32.00%
U&US	使用权的全部（U）或部分股份（US）	土地上树木的交易，土地会在树木砍伐后交还给出售者	U：20	3.60%
			US：10	

类　别		描　述	文献数量	
地主股或栽手股的交易：			386	45.70%
L&LS	全部地主股（L）或其中一部分（LS）	地主在未来收益中的股份的交易，按照 T 和 D 界定的分成比例	L：36 LS：127	
P&PS	全部栽手股（P）或其中一部分（PS）	栽手在未来收益中的股份的交易，按照 T 和 D 界定的分成比例	P：119 PS：50	
LPS	地主股的一部分加栽手股的一部分（LPS）	一些地主股加一些栽手股同时转让	54	
共同所有人之间的协议（A）		股份的确认 利润的最终分成 家族分关文献，明确了每一代子嗣所继承的部分	124	

总样本：1 146

资料来源：作者制作

为主的经济学概念来设计适当的变量。林契中所交易的木材仍需多年的生长才能进入市场。买卖可伐成材的林契鲜见，这大概是因为这类交易以当场付现为特点，无需签订合同或长期持有合同。[62] 我们通常是从木材共有人之间的收益分配中了解成材的买卖。

随着时间的推移，山场土地全部产权（W）的买卖变得越来越罕见（图 3.1）。土地产权的两层结构得到确立，它与稻田的产权结构类似，土地所有者出让用益物权，同时保留土地的法定所有权。用益物权（U&US）的买卖标的是这一轮正在生长的树木。"用益物权"在这里指对该地块上林木的所有权。当树木成熟时，

的观念，即山林土地的产权有"田底"和"田面"林木之分，后者在涉及租佃关系时又进一步分为"地主股"和"栽手股"。

林地的分割与票据化

"股"在确立之后，就会根据家庭的需要进行分割和交易。这可能包括在子嗣之间分配家产，调整家庭的投资组合，或折现持股以应对消费支出的激增。票据化（securitization），即将产权转化为可独立交易的股份，在对山林地块的各种权利要求中都有体现（参见图 3.2 中的 S、US、LS、PS 和 LPS）。[77] 除非另有说明，"股"一词是指对出售木材所产生的一部分货币收益之所有权，而不是对特定地块或特定数量木材在物理意义上的分割。家庭的财产分割可能是创造山地产权析股的早期机制。虽然家庭的农田和房屋通常在儿子们之间进行物理上的分割，但山林财产通常保持完整，日后的木材收益权均分入股。分家书中一般会说明"山场杉木尚未分拨，俟后砍伐售卖仍照三人均分"等语。例如，姜映辉家族连续三代（分别在 1819 年、1859 年、1896 年）的分家书中都没有在各房之间切割山地家产的内容。[78]

实际上，如果对有木材生长的山场进行分割，就很难确定土地的界限和木材的归属，特别是在一个家族拥有的山场土地分散在多个地块的情况下。除了产权均分的问题，木材种植还需要一定程度的规模管理。在这一点上，它与稻田有很大不同。稻田的有效面积本来就很小，需要精耕细作，而且对家族稻田的分产通

101

常不需要割裂单个的生产单元。相比之下，如果一座山林被分割成小块土地且为不同业主所有，要想避免边界纠纷，就需要额外的风险共担和协调机制。试想，如果分给一个儿子的树林遭受过火灾或盗窃，而另一个儿子分到的却完好无损，可能会发生怎样的纠纷？此外，随着时间的推移，这些小块土地上种植的树木树龄各异，不能指望在树木成熟时一次性售卖给木客。用收益分股而不是物理分割林地的做法可以在更大范围内保留经营单位，减少边界纠纷，更好地分散风险。

除了财产分割外，当卖方选择出让其持股的部分而不是全部时，或者当几个人合买后再划分股份时，股份会变得更加细化。对个人而言，投资的指导原则是将资本多元地分散在不同树龄的不同地块上。即使是大的山场主，他们所持股份也是分散在各处。在买卖合同中交易的可能只是几十股甚至一百股中的一股。[79] 在股份分割复杂的情况下，明确股份有两种方式。第一种方法较为常见，它明晰了股的多层划分，以此说明持股的来源和出售中的股，通常通过将"大股"分为若干"小股"来明确。以姜老贵在 1844 年出售的两块地的股份为例。对于第一块地，他解释说："其山分为五股，地主占叁股，栽手占贰股。地主叁股老贵、老平叔侄占一股，一股又分为贰小股，老贵占一小股；栽手股老贵占一股。"[80] 所以，老贵总共拥有六分之一的地主股和一半的栽手股。这种方式的好处是，先前的交易路径很清楚，而合同中没有明确提及的其他共有人的股份在发生纠纷时可以不受影响。

另一个例子可以解释一笔交易中，多个买家之间如何进一步分配股份。鸠棋的林地"其杉木两大股均分，栽手占一股，地主占一股"。地主的一股又"分为四小股，文尚、（文）汉弟兄二人占二小股"。兄弟俩又把这两小股卖给了七个人，他们的分配情况如下：之彬、之秀、老田三人共有一股；应显占半股；之谟弟兄三人拿走剩下的半股。[81]

第二种方式是在更复杂的股份情况下明确股权，它通常用于先前交易过多以至于股份无法用大、小股厘清的情况。其方法是在整个产权上附加"两"，并列出合同各方拥有的"两"数。这里的"两"并不是指土地的实际货币价值，而只是一个用来表示股份数额的人为定义的抽象计数单位。这是第二章讨论的"龙泉两"之外，又一个以"两"作为抽象计算单位的例子。因为汉字"股"通常不用于表示分数（"半股"例外），使用意义抽象的"两"更便于表达一个人持有产权的占比。例如，姜昌太将一个 5 "两"的山中自己所占的 0.75 "两"卖了 21.5 两白银："其山分为五两之山，姜岩胆、廷柱贰人共占贰两，映辉占壹两伍钱，金阁占柒钱伍分，昌太名下占柒钱五分，自愿将本名柒钱五分山场卖与姜廷揆老爷名下承买为业。当面凭中议定价银贰拾壹两伍钱，亲手领回应用。"[82]

这种股份表达方式的缺点是，我们无法知晓一个人所持股份是否有不同的来源。在前述大、小股的例子中，姜老贵持有部分地主股和部分栽手股，共占 30% 的产权。如果姜老贵采用了第二种以"两"计股的方法，那么唯一透露的信息就会是全部产权的 30% 被出售了。有时在复杂的情况下，在一份合同中会同时使用这两种计股方法。例如：

其山分为贰大股，栽手占壹股，地租占壹股，此地租一股

103

分为贰大股，姜绍吕占地租一大股，其余地租一大股分为拾两之山，姜载渭占贰两五钱，大相占一两贰钱五分，姜廷常占一两贰钱五分，廷耿占一两贰钱五分，高显荣占一两贰钱五分，廷华占一两贰钱五分。今将本名占壹两贰钱五分出卖与姜绍略叔名下承买为业。当面议定价银九两贰钱，亲手领回应用。[83]

根据 19 世纪地主股与栽手股的交易（LS、PS、LPS、US、S；N = 422）的统计，在任意一场交易中，平均有 26% 的地主股被出售，51% 的栽手股被出售。以每 20 年为期进行比较，林地交易的频率与股份分割的细化程度之间是正相关关系。[84] 19 世纪中期，林地交易的频率有所下降，这与西南苗民起义造成的局部动荡以及太平天国运动中长江堵塞导致的区域间木材贸易停滞有关。这表明木材产地的林地股份流动性与当地和区域间的木材贸易状况之间有很紧密的联系。

共同所有权结构

由前述复杂交易产生的共同所有权结构类似于股权合伙的结构：个体持股人的股份可能来源于劳动投入、土地产权和购买等多个渠道；一个共有产权人在是否售出地块树木上的话语权取决于其持股份额；投资的合伙实体（"会"）也在股份制原则下建立和管理，并同个人一样进行林地股份投资。

林契通常会明确地列出所售股数和现有股的总数，但只会偶尔资或单纯为股东牟利而设立的众多私人信托中的一种。当这些组织作为投资者入场时，票据化的股已经是清水江的常态。因此，从一开始，这些金融会社购入和持有的财产就已经是股的形式，而不是广泛的整体产权，这种制度安排有别于 15 世纪徽州的宗族产业。

　　徽州与清水江契约文书之间的其他差异反映了国家机器渗透到农村地方社会的不同程度。[109] 在徽州，自宋代开始，对山林土地的课税就是单独的税目了。[110] 明代前半期，人们在山地买卖中更多地利用明初的土地清丈簿册（鱼鳞图册）来获取交易土地的位置、类型、编号和边界等信息。在徽州发现的许多契约都是"红契"，即加盖红印的官方契约。由于明末的鱼鳞图册没能定期更新，地主和买主不得不在他们的契约中加注更多的细节。[111] 地籍登记制度在宋、元、明时期发挥了至关重要的作用，它将无界的林地转变为有界的私产，并确立了对人工林地私有制的承认。随着这种私有制在清代进一步强化，即使没有正式的地税登记，只要有强有力的证据支持（特别是私人契约合同），它也会得到官方的认可。[112] 在西南边疆，连农垦田地都没有完整地进行土地清丈和地籍登记，更不用说林地了。[113] 在清水江地区，虽然农田买卖合同会偶尔提到纳税责任的转移，但山林土地契约却没有提及税务问题。土地清丈中未见有土地编号的证据，产权主张的基础是未加盖官印的"白契"。

　　虽然在其他地方还没有发现可与徽州和清水江规模比肩的林契遗产，但从晚清和民国时期对地方民事习惯的调查中，可以瞥见中国南方许多木材产区有类似的林业管理做法。[114] 来自安

110

徽、福建、湖南和浙江的证据表明，土地的法定所有权和其上种植的树木的所有权是分离的，且可以按"股"单独交易。根据土地状况和其他安排，比如是否向地主缴纳年租，栽手股的份额可在20%到80%之间。从浙江龙泉县档案中发现的少数与林地有关的法律纠纷来看，在这个历史悠久的杉木种植区，对人工种植林按"股"分权的现象普遍，这些"股"还会被精细分割。[115]

从宗族权力和国家在场的角度看，徽州和清水江的案例似乎是两个极端。徽州的商业化木材种植一开始就是在已有的宗族组织和国家税收的框架范围内进行的。然而，清水江下游地区在市场开放后迅速发展木材业，并在新引入的宗族组织控制当地经济资源之前，迅速采用了一套成熟的契约制度。华南的其他木材产区似乎介于两者之间。例如，在江西南部，虽然一些宗族借助家谱确立公有族产，但他们的势力远不如徽州的宗族，因而以契约合同为基础的私有制同样普遍。[116]

本章小结

股份制度的灵活性解决了树木生长刚性给长期投资带来的挑战。与树木未来收益相关的"股"使个体能够在免于实际分割林地的情况下轻松地投资或撤资。在帝制晚期，一个股份制的实体可能被应用于多种行业，尤其是那些对资源集中度的要求高、投入参与期长、无法进行精细化实体分割的产业，从为纳税或捕鱼权而组建的农村合会到城市里的贸易合伙再到资本密集型工业都

111

有。在农村地区，通过股权合同建立的"会"甚至渗透到农村生活的最低层。亲族和非亲族共同设立的持股实体的"股"都已成为带有股息的商品，可以买卖。[117]

股权合伙制（shareholding partnership）即每个合伙人承担无限责任，但又以其认缴份额占比为限，是清代多业主共有商号中一种非常常见的组织形式，特别是对家族和地籍背景不同而又想集资的商业合伙人而言。[118]资本密集程度较高的一端以自贡盐业为代表。它对资本要求高、投入时间长、成功几率不确定。纵向一体化的盐号是通过股份合伙制发展起来的，合伙人数量可观，股份转让和收购灵活，合伙期限长，还出现了专职经理人和股东大会。[119]同样，在重庆东部的煤炭和冶铁业中，规模较小的合伙企业经常吸纳非亲族的合伙人的资本，有时还包括劳动力股份。[120]股权制度实践在帝制晚期所有这些不同的行业中表现出的高度相似性，揭示了农业、商业和工业领域的制度溢出，并使我们深刻地认识到本土实践和"股"的内涵是如何根据不断变化的需求而被创造和改变的。

在林业领域，分家书中避免物理分割苗木家产的决定以及由此形成的以兄弟持股为代表的原始股份结构，确立了一个重要的原初范式，为更复杂的股权结构奠定了基础。这类似于现代社会中的信托机制：一个成功的商人为了保持其公司的完整性而设立信托，并允许他的儿子们在一个不可分割的资产池中继承平等的份额，资产池也可以在他们的继承人之间分配。[121]一旦股份被商品化并可以独立转让，一块林地的所有权就越来越多地变成一个多姓持股的实体。以往文献曾将资本积累缓慢和经济落后归咎于长子继承制的缺失。与之正相反，中国多子平等继承的做法并不是一个阻碍，反而极有可能驱动了"股"的概念化和发展永久持股的实体以汇集资本的做法。由亲属和非亲属共同建立的"会"，尽管总是宣称以慈善和宗教事业为目的，但可以被视为一种股权合伙关系。它在市场上表现得像个人法人，专门从事票据化投资。这些来自中国经济欠发达地区的发现进一步强化了这样的认识，即股份制的"会"提供了汇集和保护可投资资产的中国式范例。

对林地产权交易的经济分析也为研究环境可持续性问题提供了新的视角。在"核心—边缘"理论中，核心和边缘之间的市场整合导致了边缘地带土地自然资源的开发，从而使核心区受益。对森林资源而言，这可能导致"采矿式采伐"（forest mining），即砍伐后没有可持续的资源管理和再生。中国南方的情况表明，尽管天然林普遍枯竭，但在某些情况下，强劲的市场需求也可以激励人工造林的长期性劳动力和资本投入。高需求、低运输成本、靠近市场、土地不适合种植高价值粮食或经济作物等因素，都为清水江下游的木材种植提供了必要条件。市场一体化通过确保从市场获得其他消费品，进一步鼓励了当地经济中木材种植的专业化。

环境经济学的另一个研究方向强调林地和林产品产权的明确界定的重要性，缺乏这种明晰的产权会导致无节制地开发。这一论点是从"外部性"（externalities）的角度看待适当的产权制度对可持续发展的重要性。"外部性"是指经济活动的负面后果没有充分反映在从事该活动的一方所承担的成本中。就开放使用或管

文书汇编——姜元泽家藏契约文书》和《贵州苗族林业契约文书汇编》。

［47］张应强：《木材之流动》，第200—202页。

［48］《黔南事略》，卷13，11b。

［49］乾隆《清江志》，卷1《天文志》"气候"条，贵州省图书馆藏钞本。

［50］《黔南事略》，卷9，9b—10a。

［51］《黔南事略》，卷13，6a；卷23，14b。

［52］吴中伦：《杉木》，第13章。

［53］唐立：『清水流域の苗族が植林を開始するで——林業経営へと駆り立てた諸要因』，第27—28頁。

［54］徐光启：《农政全书》，卷37。

［55］《黔南事略》，卷21，8b；唐立：『清水流域の苗族が植林を開始するで——林業経営へと駆り立てた諸要因』，第29—30頁。

［56］孟泽思：《清代森林与土地管理》，第96页；光绪《贵州厅志》，卷4，第224页。

［57］孟泽思：《汤雅的三百年：华南林业的可持续体系》（"Three Hundred Years of Taungya: A Sustainable System of Forestry in South China"）。

［58］关于杉木不同生长阶段可间作的作物品种及其特性的详细讨论，参见俞新妥《杉木的混农林业》。想要更全面地了解中国杉木造林的当代实践，参见俞新妥《杉木栽培学》。

［59］王超群等：《中国杉木种植经历了土壤微生物代谢功能与酶活性的显著变化》（"The Development of Chinese Fir Plantations Undergo Significant Changes in Soil Microbial Metabolic Function and Enzyme Activities"）；毕君等：《中国杉木种植的收益下降》（"Yield Decline in Chinese-Fir Plantations: A Simulation Investigation with Implications for Model Complexity"）。

［60］《淳熙新安志》，卷1，5a。

［61］类似的契约样本，可参见张传玺《中国历代契约》。

［62］在一份罕见的成材交易契约中，明确了树木的单价和数量，而交易还在生长中的树木的契约总是省略这些信息。参见《贵州文斗寨苗族契约法律文书汇编》，第102页。

［63］据我所知，最早的租佃合同发生在1780年，载《侗族社会历史调察》，第15页。

［64］《贵州苗族林业契约文书汇编》，文献编号B0120、B0136、B0141。栽手向地主以外的买家出售股份的情况也很常见，参见该汇编资料中的B0140、B0185和B0203。

［65］最初的租佃合同通常规定佃户可以"种粟栽杉"，参见《贵州文斗寨苗族契约法律文书汇编》，第69页。在清水江流域，粟谷的收成不与地主分享，这与徽州的习俗不同，徽州的佃户有时需要为他们额外种植的作物（如谷物、芝麻、蘑菇或其他植物）每年支付额外的租金。参见程泽时《清水江文书之法意初探》，第69页；周绍明《华南新乡村秩序的形成》，第402—403页。

［66］《贵州文斗寨苗族契约法律文书汇编》，第173—174、196—197页。

［67］例如，大地主姜映辉在几块他没有地主股的土地上投资买入栽手股。见《贵州

文斗寨苗族契约法律文书汇编》，第 142、148—149、150、155 页。

[68] 例如，一个江西商人买入了栽手股，参见《贵州苗族林业契约文书汇编》，文献编号 B0143。

[69] 这一点与最近人们注意到的佃农比雇佣劳动力更具有生产独立性和企业经营性的情况是一致的。参见龙登高、彭波《近世佃农的经营性质与收益比较》。

[70]《贵州苗族林业契约文书汇编》，文献编号 B0131、B0132、B0144、B0160。

[71] 转售已购栽手股的例子，参见《贵州苗族林业契约文书汇编》，文献编号 B0178、B0201。

[72] 使用这类措辞套语的例子，参见《贵州文斗寨苗族契约法律文书汇编》，第 194、195、206 页。

[73] 参见《贵州苗族林业契约文书汇编》，文献编号 B0159。

[74]《贵州苗族林业契约文书汇编》，文献编号 B0115、B0127、B0202、B0166。

[75] 在一个案例中，全部用益物权的获得通过两次购股，一次是地主股的购入，另一次是栽手股的购入。参见《贵州苗族林业契约文书汇编》，文献编号 B0167。

[76]《贵州苗族林业契约文书汇编》，文献编号 B0115。

[77] 龙登高、任志强和赵亮在《近世中国农地产权的多重权能》中讨论了帝制晚期土地交易在缓解跨期流动性问题中的作用以及一些土地产权的原始票据化。

[78]《贵州文斗寨苗族契约法律文书汇编》，第 172、433、483 页。

[79] 类似的案例，参见《贵州苗族林业契约文书汇编》，文献编号 B0133；《贵州文斗寨苗族契约法律文书汇编》，第 191 页。

[80]《贵州文斗寨苗族契约法律文书汇编》，第 392 页。一人从多个渠道持有地主股的例子，参见《贵州苗族林业契约文书汇编》，文献编号 B0161。

[81]《贵州苗族林业契约文书汇编》，文献编号 B0005。

[82]《贵州文斗寨苗族契约法律文书汇编》，第 114 页。亦可参见该汇编第 131、138 页；《贵州苗族林业契约文书汇编》，文献编号 B0135、B0138。

[83]《贵州文斗寨苗族契约法律文书汇编》，第 169 页。

[84] 张萌：《为市场导向的重新造林融资：中国西南的林地证券化与股权实践 1750—1990》，第 132 页。这种频繁的交易所导致的社会网络的复杂程度，可参考张萌制作的以姜映辉（1774—1836）为中心的可视化自我网站 https://www. academia.edu/video/kGOp2k。

[85]《贵州文斗寨苗族契约法律文书汇编》，第 554、555、559、566、583 页。

[86] 纠纷后的股份分割协议有时被称为"清白字"，也用于私下解决其他类型的纠纷。参见张应强、王宗勋《清水江文书第二辑》，第 3 卷，第 28 页。

[87]《贵州文斗寨苗族契约法律文书汇编》，第 554 页。

[88] 关于山地物理分割的例子，见《贵州文斗寨苗族契约法律文书汇编》，第 58 页。

[89] 一些案例参见《贵州苗族林业契约文书汇编》，文献编号 A0020、A0062、A0069、A0245、C0008。对于这样的"公山"，相原佳之也提出了同样的观点，参见相原佳之『清代中国贵州省清水江流域における林业经营の一侧面——「贵州苗族林業契約文書匯編」平鳌寨文书を事例として』，第 141—142 页。

［90］《锦屏县志》，卷 2，第 1519 页。

［91］《锦屏县志》，卷 2，第 1521—1522 页。

［92］孟泽思：《清代森林与土地管理》，第 78—80 页。

［93］克里斯·柯金斯（Chris Coggins）等：《华南乡村的风水林》（"Village Fengshui Forests of Southern China-Culture History and Conservation Status"）。

［94］关于宗族林地的讨论，参见孟泽思《清代森林和土地管理》，第 76—78 页。关于族裔对财产控制的区域差异，参见华若碧（James L. Watson）《人类学的综述：中国继嗣群的发展》（"Anthropological Overview: The Development of Chinese Descent Groups"）。

［95］岸本美绪（Kishimoto Mio）也有同样的观察，清水江下游所谓的"祖山"或"公山"，并不是集体所有的；参见岸本美绪『貴州の山林契約文書と徽州の山林契約文書』，第 188 页。

［96］梁聪：《清代清水江下游村寨社会的契约规范与秩序——以文斗苗寨契约文书为中心的研究》，第 54 页。

［97］《贵州文斗寨苗族契约法律文书汇编》，第 461、562、572、568 页。

［98］《贵州苗族林业契约文书汇编》，文献编号 E0039、E0060；相原佳之：『清代中国貴州省清水江流域における林業経営の一側面——「貴州苗族林業契約文書匯編」平鰲寨文書を事例として』，第 126—127、138 页。

［99］《贵州苗族林业契约文书汇编》，文献编号 B0201；《贵州文斗寨苗族契约法律文书汇编》，第 468 页。

［100］《贵州文斗寨苗族契约法律文书汇编》，第 360、365、486 页。

［101］以土地作为抵押品从"会"中借贷的例子，参见《贵州文斗寨苗族契约法律文书汇编》，第 468 页。

［102］程泽时：《清水江文书之法意初探》，第 135—146 页。

［103］关于皖南一带木业实践的情况，我主要参考了周绍明《华南新乡村秩序的形成》，第六章。

［104］周绍明：《华南新乡村秩序的形成》，第 382—383 页。

［105］同上，第 370—373 页。

［106］关于贵州和徽州的林地实践区别，参见岸本美绪『貴州の山林契約文書と徽州の山林契約文書』。

［107］周绍明：《华南新乡村秩序的形成》，第 374—376 页。

［108］同上，第 418 页。

［109］岸本美绪：『貴州の山林契約文書と徽州の山林契約文書』，第 181—188 页。

［110］《淳熙新安志》，卷 3，4b。关于从南宋到明初国家将森林纳入地籍管理的努力，参见孟一衡《杉木与帝国》，第二章。至于这些政策的实施程度，它们主要在长江中下游推行，在西南地区的影响不大。

［111］《明清徽州社会经济资料》，第 561—610 页；周绍明：《华南新乡村秩序的形成》，第 387—389 页。

［112］关于 1100 年至 1400 年间地籍在建立私有森林产权中的重要性，参见孟一衡

《杉木与帝国》，第二章。

[113] 关于赋税同农田一起转移的例子，见《贵州文斗寨苗族契约法律文书汇编》，第 47 页。

[114]《民事习惯调查报告录》，第 347 页。

[115] 包伟民、吴铮强、杜正贞等：《龙泉司法档案选编第一辑：晚清时期》，案例 4、13、17。

[116]《民事习惯调查报告录》，第 347 页。

[117] 有关湖区水面权的问题，参见刘诗古《明末以降鄱阳湖地区"水面权"之分化与转让》；徐斌《制度、经济与社会：明清两湖渔业、渔民与水域社会》，第 47—81 页。出于税收目的的股份合并，参见孔迈隆（Myron L. Cohen）《帝制晚期中国的通行令》（"Writs of Passage in Late Imperial China"）。

[118] 曾小萍（Madeleine Zelin）：《早期近代中国的企业》（"The Firm in Early Modern China"）。

[119] 曾小萍：《自贡商人》（ *The Merchants of Zigong: Industrial Entrepreneurship in Early Modern China* ）；曾小萍：《富荣盐场的浮沉：帝制中国晚期商人的权力》（"The Rise and Fall of the Fu-Rong Salt-Yard Elite: Merchant Dominance in Late Qing China"）。

[120] 曾小萍：《晚清四川东部的煤矿》（"Eastern Sichuan Coal Mines in the Late Qing"）。

[121] 华若碧：《1898—1941 年间珠江三角洲流域的共同财产及地方领导权》（"Corporate Property and Local Leadership in the Pearl River Delta"）。

[122] 有关有效管理公共资源池的策略，可参阅埃莉诺·奥斯特罗姆《管理公共资源》；吉布森（Clark C. Gibson）、麦基恩（Margaret A. McKean）和奥斯特罗姆《人与森林：社区、制度与治理》（ *People and Forests: Communities, Institutions, and Governance* ）。

[123] 卡尔·阿普恩：《海上森林》。

[124] Lee, "Postwar Pines"。

的村民抱怨说，木商在通过他们的沟渠堤坝时疏忽大意，破坏了灌溉系统。村民和木商达成共识，木商需由指定的水道运木，且只能从地芽村雇用伐运木夫，不得从外村雇请。如果在这个过程中水坝有任何损坏，木商都应该支付维修费用。实际上，村民们利用他们的地理位置优势，垄断了这处河段的劳动力供应。[3]这类协议在筏运沿线的村社很常见。在湖南的江华一带，当地史料中亦有类似记载，如村民的埋怨以及向过往簰筏征收的筑坝费。[4]

另一个争议点是木材被水浪冲散后又由当地村民打捞的清赎费用。一些村民把打捞出的原木藏起来据为己有，或者借机坐地起价向商人勒赎。1828 年，锦屏知县批准了木商的请求，并在亮江村勒石立碑，规定了不同尺寸原木的清赎价格，每根原木从 0.4 两到 1.5 两不等，并以木材底部所刻斧印戳记作为木商法定所有权的证据。[5]在当地初级木材市场王寨所见的一块 1880 年的石碑也有类似的内容，它严禁村民破坏木材底部的斧印戳记，并将清赎价格定在每龙泉两 1000 文铜钱。木商和当地保甲头人应当共同查验原木的斧印戳记并监督丈量。如果商人不能在 40 天内赎回木材，村民可自行将其处置。[6]

从初级市场出发，水客将其所购原木重新捆扎成大排入江。随着江面变宽，簰筏的尺寸继续变大。例如，在沅江流域的洪江，一些长 40 尺、宽 9 尺的小木筏被捆成 90 尺长的木筏，由七八名水夫操控。进入洞庭湖后，木筏被改扎成 100 多尺宽、数百尺长、吃水深度为 7 尺的木簰。[7]通常在湖中过冬后，这些木簰会慢慢地沿着长江到达汉口。如要继续行进，则在汉口重新捆

116

扎，然后慢慢地漂流到长江下游地区。[8]赣南的木簰首先在赣州停靠，继而停靠吴城，在洪水季，从吴城到南京需要六周时间。这些木簰看上去比湖南木簰更窄更长，吃水也更深。他们在木簰上搭建板棚，可供100多名排工居住；排工们还可在板棚中种植蔬菜，养猪养鸡。这些巨大的木簰是由几百尺长的特制竹篾捆扎起来的。这种竹篾的制造在主要木材市场中是个专门行当。[9]

事实上，像竹篾匠这样的技术工匠在木材贸易中发挥了重要作用。例如，在南京的上新河镇，当地主要人口由数千名从事木材生意的工人构成。有些是长期定居于此，有些则是随木簰到来的季节性工人。他们从事12种专门行当，根据籍贯分属9个团体。这12行大致可以分为三类：运输、测丈和扎筏。与运输有关的行当可按运输方式和路线覆盖范围进一步划分。一些人专门在大江大河操控木簰，一些人在水位较浅的细流用舢板牵引木簰，还有一些人用马车在陆上运输木材。测量和捆扎木筏更是门需要学艺多年的技术活，其从业者的流动性远低于运输的力夫。其他工人则专门从事将木商表明所有权和商号的斧印戳记刻在原木上的工作。[10]

客贩通常随木而行。一旦到达目的地市场，他们就在当地牙行的客栈里歇脚，并通过牙行出售商品。大木商通常在他们原籍的会馆区内设立长期贸易点，即"木号"。根据清代的规定，这些木号仍须通过牙行进行贸易。一些木号获得官府发放的牙帖后可以直接与客户进行贸易。[11]买家主要是该地区的零售商和建筑商，很少有普通消费者。外地买家住在牙行，并经常在交易达成后委托牙行完成交货。[12]因此，牙行同时提供中介、住宿和运输的服务，他们从中获得不菲的报酬，并在市场中享有特权地位，成为国家和市场之间可信赖的调解人。

牙行制度

在帝制晚期，随着地区间贸易的扩大，牙行在调解陌生人之间的交易中起着至关重要的作用。在 13 世纪至 19 世纪期间，随着国家对地方市场的直接商业税收和官僚控制逐步减弱，牙行的经济重要性开始附带有监管的意义。国家越来越依赖官方认可的中介机构（最显著的例子就是牙行）来间接地控制市场。[13]《大明律》明确禁止无帖牙人私充牙行而干预市场，并赋予牙行促进买卖、登记交易、监督货物和人员流动的职能。[14] 由于牙行成为传递市场信息的官方渠道，官府更多地将商品和劳务的采买委托给牙行。[15] 清代继承了牙行制度，并将之进一步规范化，通过全国性的牙帖签发、核验和更新制度进行管理。牙帖每五年审核一次，任何企图非法私充牙行、把持行市、以牙税为名收取高价或拖延支付的行径皆被明令禁止。[16]

18 世纪的国家将牙行视为市场交易的枢纽。其至关重要的地位还意味着，官方认为市场体系中的大多数问题都可以追溯到牙行制度的腐败滥行或运转失灵。一种腐败是地方官员贪图牟利而超额签发新的牙帖。地方官员不仅有动力强制未领帖的牙人申领牙帖，更乐于将牙帖引入那些先前无需牙帖的行业（如当地的小生意）。在贪财的地方官员手中，牙帖数量激增，这提高了当地

118

小商贩的市场参与成本。针对这些问题，从 1733 年起，雍正皇帝剥夺了县令签发牙帖的权力。牙帖的管理由各省负责，且主要集中在监督已有牙帖的过期和补发，不再签发新帖。牙帖的数量基本固定下来，以避免小商贩被勒征过缴。[17]

官府还出台了其他监管举措，以限制地方官员和特权集团操纵牙行牟利的情况。地方官府被要求以市场价格购买商品，不得通过牙行无偿地获取供应。[18] 官府衙门的吏役和科举中试者被禁止获得牙帖，他们可能会利用其正式或非正式的特权欺压他人而干扰交易的公平性。牙帖持有人必须是平民身份且家境殷实，这样他们就可以平等地与他人做生意，并有足够的资源来解决交易失败后的纠纷。[19]

在此后的几十年里，改革的结果好坏参半。影响最持久的监管措施是严格的额定牙帖制度。它的直接行政目标——限制地方官滥发牙帖带来的强征牙银问题——似乎是有效的。然而，牙帖的定额也限制了牙行制度对不断变化的市场状况作出反应的能力。从 18 世纪 30 年代到清末，牙帖定额只经历过一次大范围的调整，即 19 世纪 60 年代太平天国运动后的经济复苏时期。可以想象，严格的定额制很难跟上一个世纪以来不同商品的贸易额和市场规模的变化。在不景气的行业中，申领者的不足使得牙帖无法全部发放。在牙帖数额确定后兴起的行业中，则没有足够的牙帖来满足市场对牙行的需求。在这种情况下，许多地方官员默许私牙的存在，后者通常被称为"经纪"，这是今天称呼中介时仍然通行的术语。在湖南，"经纪"已成为获得当地许可但无牙帖的牙人的代名词。有些县令甚至在朝廷所设的牙行名额之外，规突然被拒绝使用牙帖，这可能就是发生在田金榜身上的事。

　　这一案例和其他案例表明，在实践中，牙帖的登记、退还和补发程序并不总是按照法律规定进行的。如果唯一的违规情况是已故牙商的儿子继承了牙帖而没有按规定更改登记的姓名，那么官府可能不会太在意。然而，当不在国家监管范围内的人通过使用假名登记、私下租赁或转让持帖权以牙行的名义经营中介业务时，这就成了一个问题。从另一个角度说，这种私下转让买卖的做法也有助于规避行政成本，为看似僵化的制度注入一些灵活性。

　　尽管木行具有唯一的合法性，但它们绝不是木材贸易中唯一的中介机构。从事交易撮合生意的还有其他各种形式的经纪。以杭州的木材市场为例，杭州的木行主要由徽州人经营，他们与家乡的木材卖家保持着密切的联系。除了这些官牙，还有一群被称为"木先生"的中间人，他们与买方的关系更为密切。"木先生"这样的代理人受雇于嘉兴和湖州等附近消费市场的木材零售商，帮助后者在杭州采购并安排运输。"木先生"通常是木材贸易方面的老手，声誉良好，与木行的关系密切。他们受雇于外地买家，负责在当地代理采购事宜。给"木先生"的报酬也是以佣金为基础的。因此，杭州的木材贸易往往通过两个代理商进行，木行更符合卖方的利益，而木先生则代表买方的利益。在其他木材市场也有类似的经纪在代理采购，比如在福建，这些人被称为"南台先生"。[29]

　　木材经纪的不可或缺性部分源于他们掌握龙泉码测量与定价系统，繁复的龙泉码确实需要经纪具备专业知识和经验方可应用（见第二章）。除了撮合买卖双方之外，木材经纪还发挥着金融

123

中介的作用。他们从典当行和钱庄等城市金融机构（木材经纪时常也在金融机构中入股）获得利率相对更低的贷款，并以更高的利率向木材卖家提供贷款，从息差中赚取可观的收益。这种金融中介能够存续，是因为钱庄不愿直接与规模较小的客商卖家打交道，后者在城市中不名一文。相比之下，木材经纪是城里有声望的居民和商人，他们方便获得更便宜的贷款。木材经纪比钱庄更了解客商的财务偿付能力，并在必要时要求其提供木材作为抵押品。此外，普遍认可的习俗是，如果一个卖家从木材经纪那里筹借资金从山上购买木材，那么当他次年将木材出售时，他应该通过同一个经纪出货。[30]

124

木材经纪可以进一步通过更多中介来保证其贷出资金的安全。负责管理水路筏运工人的"包头"与木材经纪合作，向卖方提供贷款。因为大多数卖家会雇用包头来运输木筏，这些包头就可以获得有关卖家家庭、财产和信誉的详细信息。没有在木材经纪那里建立足够信用记录的新卖家可以在包头作保的情况下获得贷款。[31] 由于向小卖家提供广泛、定期的信贷服务，木材经纪与其说是中介，不如说更像批发商。刚起步的卖家资金有限，每年都会从经纪那里贷款，以便从山上购买和运输木材。木材贸易的运转至少要花一整年的时间（在整个长江航线上工作的人需要两年时间），冬季和春季伐运原木，夏季丰水期竹排筏运，夏末和秋季销售木材。木材经纪会从总的销售收入中拿走贷款的本金、累计利息和佣金，然后再将余款支付给卖方；与此同时，卖方将不得不为下一年的生意再次向经纪借款。就这样，经纪就很像一个批发商，通过向生产兼销售的小生意人提供贷款来确保下一年的供应。卖家越依赖经纪的贷款，他就越像木材经纪的代理商而不是客户。

这也是通行于其他行业牙行的做法。例如，湖南益阳的山货行行会条规规定，若卖家已与某个行会成员订立贷款合同，其他在会的山货行不得再接受与该卖家的货物交易，这是为了防止卖家在收到所售货物的款项后故意违约；此外，行会成员应向行会报告违约的卖家，以便当这一卖家试图通过另一家在会山货行进行交易时，可以通知行会没收卖家的商品，以补偿其违约行为的受害方。[32] 晚清到民国时期通商口岸的茶叶买办，虽然在法律意义上不完全是"牙行"，但他们采取了类似的策略，在外国公司和内地茶商之间充当中间人。他们试图通过提前贷款与内地茶商建立财务依赖关系，从而更好地控制供应链。[33]

牙行和其他中间商都通过两种方式降低交易成本：一是通过撮合卖家和潜在买家来创造市场，二是促进信贷从城市资本中心流向农村的供应商。上述作用的实现得益于他们的信息优势。在跨地贸易中，对市场价格、客户基础、资金来源和交易者偿付能力的了解是非常重要的，因此，对行情了如指掌的中间商也就必不可少了。他们在商业网络中的核心地位转化成金融权力，将流动资本引入生产，并有效地将客户中的小买卖人转变为他们的代理人。

婺源的詹氏家族

虽然"山客"、木材商号和木材牙行看上去是各自独立的实体，但他们都可以在家族企业的运营中发挥作用。我们可以从末代秀才詹鸣铎的自传体小说《我之小史》中了解到木材贸易家族的行业和地理范围。[34]詹氏一族来自徽州婺源东北部的庐坑村。像徽州许多地方精英一样，詹氏家族奉行商学并重的理念，对科举仕宦与商业致富同样重视。詹鸣铎的高曾祖父詹逢荣生活在道光时期，曾到安徽亳州做木材贸易，但不幸在一场洪水中溺毙，留下了三个儿子。在亲戚们的帮助下，大儿子在亳州继承了父亲的木材生意。二儿子詹喜禄（詹鸣铎的曾祖父）是监生，在江西浮梁建立了新的家族生意。詹鸣铎的叔高祖詹逢怡在太平天国起义前在汉口做贸易，战后辗转至江西乐平从事木材和茶叶贸易。

詹鸣铎的父亲詹蕃桢是一个领五品衔的贡生，在浙江开设了数家店铺经营木材生意。1894年，詹蕃桢与姻亲江峰青合伙，在嘉兴桐乡县石门镇开了一家德昌隆木号。江峰青是后来编撰民国《婺源志》的著名士绅。1896年，两人在杭州江干木材市场开了一家隆记木行。1901年，两人散伙，詹蕃桢从隆记退出，自己创办了生记木行。根据1909年的另一份资料，位于杭州的徽商木业公所有八家会员木行，隆记和生记是其中的两家，生记在其经纪的卖家数量和贸易总额方面位列第一（下一节将进行分析）。[35]此外，詹蕃桢在湖州归安县练市镇还有一家阜生木行。

詹蕃桢的四个儿子都曾从事木材贸易。二儿子耀先在老家婺源县当"山客"。1907年，他积累了400多龙泉两的木材库存，并从屯溪镇致祥钱庄借了一千银元流动资金。屯溪镇是徽州木材贸易的初级集散地，它从祁门、婺源、休宁和黟县收集木材。[36]三儿子礼先跟随詹蕃桢在杭州经营家族的木行，后来死于吸食这笔费用，连同其他应付款项（如佣金和偿还以前的贷款），剩余的部分就是木行向卖家发放的款项（可参考表 2.3 中典型的账目单据）。[44]因此，可以将每个会员木行所收会费金额除以4.75‰ 来推断每个木行所经手的交易的价值（表 4.1）。值得注意的是，虽然会费是从价收取并以上述两个特定名目向卖家征收，但公所所收总额肯定超过了这两项费用支出，它被用于公所的各项开支，包括对地方官府的杂项义务以及向其成员提供经济或礼仪性功能的服务。

表 4.1　徽商木业公所的收费明细，1909 年

木行	交易次数	合作卖方的数量	所收"沙粮捐"（银元）	所收"木捕捐"（银元）	所收总会费（银元）	经手贸易值（银元）
生记	64	50	247.83	66.09	313.92	66088
德昌隆	69	47	223.62	59.63	283.25	59632
巽记	49	29	161.82	43.15	204.97	43150.93
裕大	32	26	148.76	39.67	188.43	39669.33
同义兴	47	28	137.65	36.71	174.36	36706.67
同利兴	23	19	104.5	27.87	132.37	27866.67
隆记	39	36	102.54	27.34	129.88	27344
同茂兴	24	18	80.88	21.57	102.45	21568
总计	347	211*	1207.6	322.03	1529.62	322025.6

资料来源:《徽商公所征信录》
注：木行按规模从大到小的顺序从上往下排列
* 左起第三列"卖方数量"的总计数字并不等于以上各行的加总。原因在于，某些卖方不止与一家木行合作。
第二列：1909 年每家木行经手的交易次数。第三列：每家木行合作过的卖家数量。由于某些卖家不止一次通过同一家木行进行交易，所以第三列的数字比第二列的小。第四列：每家木行所收的"沙粮捐"，是经手木材价值的 3.75‰。第五列：每家木行所收的"木捕捐"，是经手木材价值的 1‰。第六列：第四列和第五列之和。第七列：每家木行经手的贸易值推算，由第六列数据除以 4.75‰。

1909 年，通过 8 家木行，211 个木材卖家共进行了 347 笔木材交易，为徽商木业公所缴纳 1529.6 银元，这意味着徽商木业公所的成员木行每年经手的贸易总值为 32 万银元（见表 4.1）。虽然史料中只能窥见 1909 年的情况，但下文关于木行网络的讨论在某种程度上可以揭示更早时期的情况。从公所记录中可以得知，在太平天国运动期间公所会馆被烧毁，但此后公所的生意很快就恢复了。重建后，木业公所恢复了以往的做法，成员木行的数量保持不变。公所的记录中没有提及木材市场因太平天国运动而发生的系统性变革。杭州的木材供应和分销直到 20 世纪 20 年代末才受到通商口岸制度的显著影响，当时进口木材开始通过上海大量涌入杭州。从 1909 年的数据中确实可以看到一些公所在清末新增的支出，如对地方警察局、商务总会、保商公会和救生局的捐纳。为了支付这些额外的费用，1909 年所 4.75‰ 的会费征收额很可能高于 18 世纪的数额，尽管这一推测无法得到证实。

131

不同卖家的交易规模差异很大，从最低的 26 银元到詹茂春的 18922 银元，这些交易量的均值为 1526 银元，中位数为 1048 银元，标准差为 2001 银元。大约 80% 的卖家都是小商贩，全年销售规模不到 2000 银元。排名靠前的几个卖家比其他卖家规模大得多。前三名占据了市场总份额的 13%。前十五名的交易额超过 4000 银元，它们合起来占总交易额份的 30%。即使存在这些差异，从数据中得出的衡量市场竞争和集中度的总体赫芬达尔指数（Herfindahl index）为 0.013。这一水平表明，市场对卖家而言集中程度不高，竞争相对激烈。

132–133

较大的卖家倾向在一年中通过多个木材牙行进行多次交易。在 211 个卖家中，有 32 个（占 15%）通过一个以上的木行进行交易。三个最大的卖家——詹茂春、松字和恒发祥——都与四个不同的木行有业务往来，该年交易超过七次。与三个木行交易的卖家有四个，与两个木行交易的有 25 个。图 4.2 显示了 347 笔交易所反映的"卖家—木行"网络结构。最显著的特点是该贸易网络的连通一体。由于对清代牙行的负面刻板印象，人们更容易想象到的是一种区隔度更高的情况，即每个木行各自控制着彼此封闭的卖家客户群。然而，杭州市场显然不是这样。诚然，每个木行都有一个相对独立的客户群，特别是在中小型卖家中：通过模块化算法可检测到八个社群（community），每个社群围绕一个木行活动。然而，这八个社群并不是彼此封闭的，而是通过更大的卖家联系在一起，这些更大的卖家不止与一家木行交易。

那些与多个木行打交道的卖家被算法放置在图示相对中心的部分，因为他们在连接不同群体方面很重要。注意，两个节点之间连线的粗细度代表交易量大小，可见他们与不同木行之间的交易量不是均等的。相反，他们都有一个主要的木行和一个或多个次要的木行。通过主要木行的交易量远远超过了与其他木行的交易量。排名前十的大多数卖家都是如此。例如，最大的卖家詹茂春与裕大木行关系最密切，同时也通过巽记、生记和同利兴做一些较小的生意。第二大卖家松字与同利兴木行的关系最密切，其次是生记和同义兴。一些大的卖家只通过单一木行做生意，比如程起东与生记、同福泰与同茂兴的关系。有些木行之间共享的客户比其他的多。以生记和德昌隆这两家最大木行为中心的商业社

节点（219）
　　大小：加权度
连线（347）
　　粗细度：交易价值

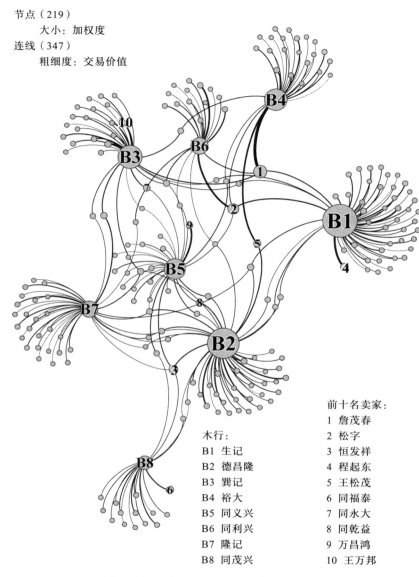

前十名卖家：
1 詹茂春
2 松字
3 恒发祥
4 程起东
5 王松茂
6 同福泰
7 同永大
8 同乾益
9 万昌鸿
10 王万邦

木行：
B1 生记
B2 德昌隆
B3 巽记
B4 裕大
B5 同义兴
B6 同利兴
B7 隆记
B8 同茂兴

图 4.2　杭州的"卖家—木行"网络结构，1909 年

资料来源:《徽商公所征信录》

群是相对分开的。规模最小的两家木行同茂兴和隆记似乎也各自拥有独立的利基市场；隆记似乎在和德昌隆争夺一些客户。四家中型木行通过共同的客户而联系得更加紧密，说明它们之间的竞争更加激烈。

卖家之间相对较低的市场集中度以及卖家—木行网络的连通性表明市场结构是去中心化的——我们目前还只是只研究了杭州两个代理卖家的公所中的一家。虽然这并不是否认国家对信誉、户籍、牙银、牙帖数量的要求提高了进入牙行业的门槛，但总体事实仍然与整个地方市场可以被少数人垄断和操纵的臆想相反，至少对于杭州这样的大市场来说，这与事实相去甚远。然而，在更偏远、更小、存在地方矛盾和政治动荡的边疆市场，情况可能会有所不同。

苗疆木行的独特性

本书第三章考察了黔东南清水江流域木材贸易和木材种植业的发展。在考察了非边疆地区木材市场中的互动之后，我们现在可以更好地理解苗疆木行的设置和变动，以及这些差异如何体现边疆环境中政治和经济之间的复杂调适。离清水江下游最近的木材市场位于锦屏的"三寨"（即卦治、王寨、茅坪三个市镇），它在清水河与沅江的交汇处，位于贵州和湖南两省的交界地带（见图 2.3）。在 18 世纪 30 年代清军作战期间，朝廷特许三寨每年轮流开设木行，为山区的苗民卖家和远道而来的汉人买家之间的交易提供便利。[45] 每年轮值中介江上木材的采运买卖被称为"当江"。[46]

三寨当江的垄断制度最初基于其实用性而设。在军事行动后的几年里，三寨一带地处清王朝有效地控制的新辟苗疆的边缘。在许多清朝官员的眼中，三寨的苗民通晓苗汉双语，是现成的贸易调解人。向西新辟的疆土应与下游汉人商贾的入口区隔开来，以避免苗汉冲突。[47] 在接下来的一个半世纪里，出于对地方紧张关系和社会稳定的担忧，清廷在这片被认为是苗汉分界的地区实行了三寨当江的垄断制度，尽管这项制度不断受到来自下游汉人城镇的挑战，而且逐步的文化涵化使得消除文化和语言障碍的初衷变得无关紧要了。

这三寨的木行在实际经营上与非边疆省份的牙行没有区别。他们撮合买卖双方，帮助安排贮存和采运，有时还向有需要的卖家提供短期信贷。活跃在三寨的木材采购客商由不同籍贯属地的商帮组成，其中最主要的是"三帮五勷"。"三帮"不足为奇，和南京的一样，是指徽、临、西三帮，他们是 17 世纪早期最先将木材贸易带到这一地区的人，有时还代办湖南、江苏和江西"钦工例木"的采买。"五勷"都是附近水运沿线黔、湘州府的商人，他们最初是"三帮"的附庸和从属，后来发展成为独立的木商。[48]

三寨当江制度刚成立，"当江"权的争夺（所谓"争江"）就成为旷日持久的议题。垒处是三寨下游几英里处以汉人为主的城镇，它是试图推翻三寨垄断最坚定的竞争者，其居民多次向有司申请开立牙行的官府牙帖。从 1798 年到 1806 年，垒处和三寨之间的冲突升级为一系列暴力事件和争讼。我在一篇论文中详细分析了这些冲突的种种曲折之处，其中最令人震惊的是，尽管垄处的竞争者提出了契合牙行制度正式规范的合理论点，并成功地赢得了贵州内外（包括遥远的南京龙江关）广泛而引人注目的同情，但三寨木行轮流当江的垄断反而得到强化。[49]

　　主要原因还是清代的边疆政策而非经济原则。官员们一再拒绝垄处要求三寨市场正常化的请求，其主要顾虑还是在于，木牙生意原本只许给三寨的苗民，引入垄处汉人的竞争会有政治风险。三寨和垄处之间的争端发生在黔、湘地区的苗民起义时期（1795—1806）。经济资源的争夺是起义的主要原因。惨痛的教训使主张移民和同化的人认识到，苗民对汉文化的广泛适应并不一定会带来他们对清廷统治的效忠。[50]尽管卷入三寨与垄处之争的当事苗民并没有参与起义，但贵州官员仍然认为平息苗民的不满情绪和保护其经济利益是防止动乱蔓延的首要任务。

　　三寨苗民在申诉状中的自我刻画利用并进一步强化了官方的这种顾虑。他们向官员呼吁说："穷苗立业，靠此资生。"如果垄处暴力截江的行径不被叫停，那么"一客已无，木无买主"，"苗沿河一带地方，均皆受害。总之，恶辈一日不除，木商一日不至，穷苗一日无依"。[51]上游的卖主们支持三寨的诉求，物伤其类，他们同样担心木材无法售出的损失。他们斥责垄处的竞争对手，同时强调他们与三寨木材经纪共同的苗民身份，他们与"各处苗民，素有语言相通"，"公平议价银色，俱照旧章程，设立已久"。[52]

　　事实上，到了19世纪，文化和语言上的障碍已不再像18世纪 30 年代那样难以逾越，苗汉文化在潜移默化地互通和涵化。清水江下游地区的苗民已经接受了宗族观念，采用了汉字契约，并越来越多地求助于当地官府来解决纠纷，尤其是在与外来人打交道时。许多大地主家庭利用苗民在科举中的名额优势培养出有功名的读书人。[53] 这并不是说苗民已经被完全同化了，而是说他们在向清廷官员申诉时对苗民共同风俗和语言的强调，反映的不是与汉人商贾沟通的实际困难，而是他们利用国家的民族政策来抵御竞争的策略。

在一般的木材市场上，清代国家通常坚持平等和公平的市场准入原则（尽管这一原则在具体案件中的应用取决于地方官的解释）。相比之下，在苗疆，对地方紧张关系和社会稳定的担忧使得清廷实行垄断制度，即便最初的经济依据已不再适用。对苗疆活跃的木材贸易的考察揭示了这一接触地带更为多面的情况，不宜简单地将之理解为经济落后的土人被外来者剥夺了土地和其他资源。围绕木材经纪经营权争夺的案例表明，包括苗民在内的经济主体都灵活运用了清廷的民族政策和优先的行政考量以实现各自的利益。

本章小结

木材的供应链包括从山场采伐木材，运送到当地初级市场以供采购，再转运到区域和区域间分销中心，最终进入零售和消费领域，这样的完整周转周期可能需要几年时间。"山客"、流动商贩、牙人、大批发商和零售商经营着供应链的不同环节。木夫、伐运工、排夫、围量工、篾匠和其他专业工人推动了这个行业的发展。正如婺源詹氏家族的案例所表明的那样，纵向整合和区域多元化的战略可以帮助家族企业分布人才和资本，从而构建协同一体的生意结构。姻亲纽带、公社乡约、仕宦裙带和商业伙伴关系等经常重叠交错地嵌套在社会网络中，其众多社会功能之一即推动收益的创造和分享。

在所有市场参与者中，牙行在当地市场中具有经济和行政上的重要意义。18 世纪上半叶，中央对牙行的改革旨在保护市场空间的完整性，使其免受地方行政的过度干预，并根据经济逻辑赋予个体牙行促进市场交易顺畅的责任。这些规定为下个世纪奠定了基本的市场原则，使牙行在调解跨区域贸易中占据了中心地位。 138

牙行和其他经纪机构在木材贸易中发挥的最重要作用是提供信息、撮合买卖双方和借贷双方。这些中间商之所以对长途贸易至关重要，是因为他们对供求来源、市场趋势以及商行的财务状况了如指掌。尽管牙行通常被指责为地方市场的垄断者，但对杭州等大型市场的卖家—牙行网络的研究表明，当地具有相对分散但又相互连通的市场结构。此外，除了牙行之外，还有各种参与木材贸易调解的中间商，他们在市场上也受法律或地方习惯法的承认。这两个事实都证明了至少在大市场中存在巨大的竞争空间。然而，边疆地区有着迥然不同的叙事。苗疆的木材经纪生意由三寨垄断，这不是对市场监管的正常调校，而更多的是出于国家对保护苗民生计和维护地方稳定的考量。

注释

[1] 契约文书中有关这类做法的例证，参见《贵州文斗寨苗族契约法律文书汇编》，第 461、572 页。关于徽商在安徽和浙江的"拼买"，见张海鹏和王廷元《明清徽商资料选编》，第 181 页；周绍明《华南新乡村秩序的形成》，第 427 页。

[2] 孟泽思：《清代森林与土地管理》，第 112 页；《侗族社会历史调查》，第 87—89 页。

[3]《锦屏县志》，第 1513—1514 页。

[4] 孟泽思：《林业》，第 642—643 页。

[5]《锦屏县志》，《亮江木材漂流赎取碑》，第 1514—1515 页。

[6]《锦屏县志》，《王寨漂流木材清赎碑》，第 1517—1518 页。

[7] 吴传钧：《南京上新河的木市》。

[8] 海关总税务司署：《十年各埠海关报告》，vol.1（1882-1891），第 174—175 页。

[9] 吴传钧：《南京上新河的木市》。

[10] 吴传钧：《南京上新河的木市》；戴渊：《南京上新河木材贸易状况》，第 238 页。

[11] 荫青：《江西之木材业》，第 8—9 页；柳培良、范净宇：《南京市木材市况调查上》，第 17 页。

[12] 吴传钧：《南京上新河的木市》；陈瑞芝：《杭州木材业的内幕》。

[13] 关于从唐代到清代的帝国市场管理模式的长期趋势，参见曼素恩（Susan Mann）《地方商人与中国官僚 1750—1950》（*Local Merchants and the Chinese Bureaucracy: 1750-1950*），第三章；万志英《中国经济史》，第六至八章。

[14] 明律中的相关部分，参见雷梦麟《读律琐言》，第 200 页。虽然"官私牙人"的说法在宋代史料也有出现，但需要注意的是宋代"私牙"（私营或无牙帖经营）的内涵与明清时期牙行制度的内涵有显著差异。在宋代，多数的牙人都是"私"营，且"私"营不意味着非法。而在明清的牙行制度中，只有持有官府发给牙帖的牙人才是合法的，"私牙"指的是没有牙帖（故而非法）的牙人。参考宫泽知之『宋代の牙人』，第 8—9 頁；小林高四郎『唐宋牙人考』『唐宋牙人考补正』。另一种观点认为，宋代牙人的"官"与"私"之别在于交易是否需要书面合同和纳税，这与明清的用法仍有差异。参见斯波义信『宋代商业史研究』，第 392 页，以及该书英文版的第 165 页。

[15] 邱澎生：《当法律遇上经济：明清中国的商业法律》，第一章。

[16] 光绪《大清会典事例》，卷 106，第 370—371 页。该条原为明律，在 1706 年作为"例"添入大清律例中。薛允升：《读律存疑》卷 17《户律九》"私充牙行埠头"条。

[17]《雍正朝实录》，雍正十一年十月甲寅。乾隆在 1739 年发现江苏的县官又有重发新帖的苗头后，重申禁律（见《乾隆朝实录》，乾隆四年六月丁酉）。

[18] 薛允升：《读律存疑》卷 17《户律九》"把持行市"条。

[19] 1740 年和 1743 年清廷分别对衙役和科举中试者作出限制。《乾隆朝实录》，乾隆五年九月戊寅、乾隆八年六月己卯。

［20］《湖南商事习惯报告书》，第 117 页。

［21］巴县档案，006-005-04602（1799）。

［22］关于持帖牙人在重庆城内商业案件审理中的作用，参见戴史翠《清代中国的跨司法管辖区贸易与合约履行》（"Cross-Jurisdictional Trade and Contract Enforcement in Qing China"）。

［23］戴渊：《南京上新河木材贸易状况》，第 237 页。

［24］《徽商公所征信录》；戴史翠：《千头万绪》。

［25］柳培良、范净宇：《南京市木材市况调查上》；吴传钧：《南京上新河的木市》；《南京物资志》，表 1-4。

［26］陈醒、陈立廉：《汉阳鹦鹉洲竹木市场史话》，第 127 页。

［27］陈醒、陈立廉：《汉阳鹦鹉洲竹木市场史话》，第 109 页。

［28］巴县档案，006-004-03018（1804）。

［29］《浙江之木材》，第 13—14 页；陈瑞芝：《杭州木材业的内幕》，第 92 页；《民事习惯调查报告录》，第 604—605 页。

［30］陈瑞芝是婺源商人，他继承父业，在杭州经营了 30 多年的木材经纪业务，并于 20 世纪 40 年代末成为木业公所的会长。他的回忆录生动地揭示了杭州木材经纪的内幕和木材贸易的惯例。陈瑞芝：《杭州木材业的内幕》，第 111—112 页。

［31］陈瑞芝：《杭州木材业的内幕》，第 113 页。

［32］彭泽益：《中国工商行会史料集》，第 215—216 页。

［33］通商口岸茶叶买办的做法以及民国时期的改革者对其作为寄生性、非生产性金融资本的批判，参见安德鲁·刘（Andrew Liu）《茶叶战争：资本主义在中国和印度的发展历程》（Tea War: A History of Capitalism in China and India），第七章。

［34］这部分的材料，如无特别注明，均来自詹鸣铎《我之小史——新发现的徽商小说》。

［35］《徽商公所征信录》。

［36］王珍：《屯溪商埠与徽州木商》。

［37］《徽商公所征信录》。

［38］具体来说，产木的州县包括安徽南部的徽州，以及浙江西部的处州、衢州、严州和金华。见《浙江之木材》。

［39］《徽商公所征信录》，第 184—192 页。

［40］《徽商公所征信录》，第 200—201 页。

［41］陈瑞芝：《杭州木材业的内幕》，第 94—95 页。

［42］《徽商公所征信录》，第 184—186 页。

［43］《徽商公所征信录》，第 184—186 页。民国时期频繁的政权更迭，再次引发了对这片沙地产权的争夺。抗战胜利后的 1946 年，徽浙两大木商公所重新成立时，各自再次将开垦和清理沙列为首要任务。陈瑞芝：《杭州木材业的内幕》，第 96—97 页；杭州市档案馆，《徽商与浙东木业福利社材料》（档案编号：L010-001-196），1947—1948 年。

［44］《徽商公所征信录》，第 180—183 页。

［45］吴振棫:《黔语》，卷下，"黎平木";《侗族社会历史调查》，第36页。

［46］光绪《黎平府志》，卷3，32b；梁聪:《清代清水江下游村寨社会的契约规范与秩序》，第216—217页。

［47］《锦屏县志》，第1523—1524页。

［48］张应强:《从卦治〈奕世永遵〉石刻看清代中后期的清水江木材贸易》。

［49］有关三寨垄断争议的完整分析，参见张萌《中国西南边疆的木材》（"Frontier Timber in Southwest China"）。

［50］苏堂栋:《18世纪的族群与苗疆》。

［51］《侗族社会历史调查》，第39—40页。

［52］《侗族社会历史调查》，第41—42页。

［53］《锦屏县志》，第1511—1513、1517页；张应强、胡腾:《乡土中国锦屏》。

第五章

行会、"捐"与合同的执行

商业情报、法律援助，以及我对此最感兴趣的——集体纳捐。加入集体纳捐计划比独自承担税责更吸引个体商人，这听上去多少有些不可思议。19世纪中期以后，国家在直接征收商业税方面的能力增强，使得加入行会的集体纳捐对个体商人更有吸引力。集体纳捐的安排不仅使会员免受与贪婪的胥吏直接打交道的困扰，而且行会的会费（他们的集体税就是由此支付的）通常是按累进税率分配的，因此小商贩所支付的费用比通过直接征税支付的要少。从集体纳捐的覆盖范围中除名的惩戒措施可以在很大程度上迫使会员遵从行会其他的行规，特别是基于名誉和集体行动的合同执行措施，足见上述节税策略的吸引力。同样的逻辑也适用于其他提供给会员的服务。这些好处的排他性提高了违反行规的机会成本，从而有助于在会员中贯彻内部规则。

行规的一个关键部分涉及合同的执行和信贷协议的维护。以延期付款链为形式的短期贸易信贷对木材批发的发展至关重要。这不仅是因为常见木材交易的货币价值很高（通常相当于几百到几千两白银），而且还因为将木材运到目的地出售或完成一个大型建筑工程所需的时间很长。特别是对建筑承包方的宽限期，对于太平天国运动后江南的重建和新通商口岸的地产业繁荣至关重要。为了保持信贷的流动性，必须有效应对逾期还款和完全违约的风险。否则，一旦出现信贷危机，整个行业将被迫转为用现金交易，这会对整个供应链造成冲击（就像几起大型信用欺诈案发生后的那样）。为了应对上述风险，木业行会依靠信誉机制和信息共享来维持会内的团结并监测外部贸易伙伴。各地行会之间的横向沟通进一步提高了对跨区域案件的迅速反应能力。当纠纷升

142 级而超出单个行会的范围时，商会（1904 年以后的组织）和司法系统就开始介入。这些组织之间的纵向交流加强了从非正式行规到商业组织规章制度再到法庭裁决的连续性。

行会提供的服务可以通过"俱乐部物品"（club goods）的框架来理解。"俱乐部物品"是经济学中的一种商品概念，它在提供服务时表现出高度排他性，而在消费方面表现出非竞争性（至少在达到一定的挤兑水平之前）：行会可以以很低的边际成本纳入一名新成员让其获得上述服务，并可以有效地将任何人排除在外。与官府的纳捐协议划定了一个更加自主的市场空间，俱乐部物品的特点巩固了成员行动的协同性，为行会强制执行措施提供了可信度。通过这些制度安排，税吏骚扰和贸易欺诈等问题得到缓解，木材得以在跨区域的市场中顺畅地流动。

集体纳捐与市场准入

随着商人行会逐渐成为市场的组织框架，地方官员尝试用各种方法将其纳入地方的商业税收结构。到 19 世纪上半叶，商人团体和地方官员经过一轮轮的磨合终于达到一种均衡：官员们可以通过其司法权力来为各行业行会所规定的商业惯习背书，只要它们不违反市场的开放准入和公平交易等基本原则。在此之外，官员们对市场保持不干预的立场。作为回报，行会要配合官府，通过集体捐税安排来确保官府实现财政目标。地方官员承诺其索求将维持在一个合理的水平，并在不同商人团体之间公平分配。

收闹差无着。今桂森霸抗，有贸无差，民等帮众各怀观望，势必效尤，差务难办，协禀作主唤究……[11]

在本案中，因为木帮从其成员征收的会费至少有一部分被用来完成木帮对衙门的差务，木帮要求通过知县的法律权威来惩罚不合作的个人。木帮的商人们在禀状里表示，若不加以处置，别人也会效仿，就会有无法完办差务的风险——这是委婉地暗示，若要他们完办差务，知县就有义务协助执行行规。知县在诉状最后的批文中确认其首要任务是确保及时交付该帮应解的差务款额：

145

> 批：候签饬李桂森照规帮差，如违带究。至本年壬午科应解闹场木植银40两，现奉藩宪迭讯严催，勒限十日批解，仰及遵照克日如数措齐呈缴，听后专差申解。勿再藉词推延，致干究追不贷。[12]

我们可以通过知县的判决对这起诉讼的最初原因作出一些推断。事情的经过可能正如木帮所说的那样，李桂森拒绝承担差务，导致木帮无法交付40两的木植银款项。也有另一种可能：李桂森所承担的差务比例微不足道，有他没他都不会产生太大差别，但该帮只是利用知县迫切要求闹场经费的机会，迫使知县处罚李桂森，李某可能是拒绝加入该木帮或不按该帮行规做事的长期竞争对手。正如知县最后警告的那样——"勿再藉词推延"，他可能已经怀疑后一种可能了。

虽然衙门的判决会对像李桂森这样的个人反抗行为予以纠正，但地方官员在处理团体之间的冲突时会更为谨慎。[13]由办解差务的行会对竞争对手团体提起的类似诉讼很少会产生一边倒的结果；相反，它们引发的更多是差务的重新分配，被告因此被分派一部分差务，从而正式获得进入市场的资格。这样一来，官方指派的专门差务也就一一落实到其认可的商人团体。任何因不满现有行规或费规而希望脱离行会或独立出去的商人团体，都可以通过独自办解差务的方式而获得官府的承认。负担地方官府的专项差务，成为一个商人团体的挡箭牌，用于抵御行业竞争对手对其合法性发起的挑战以及胥吏衙役的非法盘剥。从市场准入的角度来看，市场进入没有到达绝对的自由，但比起像早期学者马士（H. B. Morse）所想象的中国"行会"（guilds）在市场准入和贸易规则上实行专制的说法，它仍然是一个更分散的去中心化的结构。[14]下面的案例对这种去中心化结构作出了说明。[15]

在前述案件中出现的是重庆城内从事木材贸易的商帮，又称"杉木帮"。从1864年起，它被分派每年缴纳闹场木植银40两。城内另一个与木材有关的组织是从事棺材木料供应的"青山帮"，它并不承担这类闹场差务。虽然这些帮的名称表明了其主营的业务，但其成员的业务经营范围并没有明确界限。这两个商帮都没能垄断某一种木材的贸易。杉木帮的成员除了出售杉木条杆外，还出售杉木木板，这是制作棺材的好材料。而青山帮的成员也可以出售其库存木材用于制作棺材以外的用途。另外，像杉木帮和柏木帮这样的名字看起来当然是分别主营杉木和柏木，但实际上它们的生意不限定于特定的木材品种。

1884 年，地方官府将科举差务的金额提高了 20 两，杉木帮试图拉青山帮共担差务。根据前者的说法，当 40 两的闱场木植银在 20 年前被最初分派给重庆木商时，青山帮躲了过去，而杉木帮不得不承担过去七场每三年一次的科考差务。杉木帮抱怨道："[青山帮]亦木帮，生理利息同叨，何得公务独逃？"青山帮在申诉中反驳了这一指控，强调他们一直在承担其他的官差，并引用了过去对他们有利的判决先例：

情民等向贩棺木，各处发卖，名为青山木帮。历应城内七辕差板，并完国课，始敢出售。数十年无违。与杉木帮各贸各差，毫无紊乱。至光绪五年，遭杉木帮周同兴等以贡院差徭勒派民等，捏推抗差悬控民帮王玉春等在案，沐前主审讯，断令各贸各差，与民等无涉，工卷可查。今沐督宪札饬，伊帮因贡院加摊银两，遭王永茂等胆瞒前案，以藐扎阻公控民等在案。[16]
147

此处，青山帮援引了有关商帮和差务"各贸各差"的基本原则，也就是说，应该允许不同的团体独立经营并各自承担其差务。杉木帮负责科举省试的差务，而青山帮则另有派差，为重庆城内七个官署提供木板。虽然两者都是从事木材贸易的商人团体，但其相互的独立性既基于又体现在各自承担的地方官府的差务上。五年前，杉木帮试图以分摊差务的名义将其差务强加于青山帮头上，但前任知县以"各贸各差"的原则驳回了杉木帮的请求。

　　关于此次纠纷，知县承认增派杉木帮 20 两差务的要求过于苛刻，最终决定由杉木帮、青山帮、柏木帮三个木材商帮共担这增派的 20 两。青山帮和柏木帮可以根据现有的帮费费规安排增派的差务，并直接对地方官府负责而不必听从杉木帮指手画脚。其结果是不同的木帮之间重新分配了差务，并以商人们自己认为合适的方式重新明确了各帮之间的权责界限。除了这起事件，杉木帮还试图掌控或接管较小的木帮，从而让它们按杉木帮的费规模式行事，但都以失败告终。只要这些较小的木帮向地方官府申请要求承担部分差务，它们不受杉木帮干涉的独立性就能得到保护。[17]

　　本案例所体现的各种商人团体与地方官府之间的动态关系表明，中国的行会组织（如公所、会馆、商帮等）和欧洲的行会（guild）尽管表面上都依赖国家背书来划定其权力范围，但两者在组织原则上存在根本差异。[18] 虽然学者们就如何评估中世纪和早期现代欧洲行会的优缺点存在争议，但有一个共识是，它们通过从统治者那里获得正式的法律特权，进而专享限制非行会成员参与某些商业活动的权力。[19] 欧洲商人行会的垄断特权基于它们向两个强大群体提供的分配服务：它们增强了统治者从民众身上榨取额外收入的能力，增强了商人将贸易限制在小团体内从而榨取垄断利润的能力。[20] 在某种意义上，像英国东印度公司这样庞大的特许公司是这种组织原则从行会到公司（corporations）的延伸。

　　中国的行会组织也寻求官方的承认，但这种承认绝不是划分出一块不可动摇的特殊利益飞地。行会没有将市场准入限制在自己的小团体中的合法权力，它强制所有新人加入行会的能力也极大地受到限制。官方认可的团体的权力范围不断受到挑战和修正。占主导地位的行会通过诉讼强行吸纳新成员的尝试，往往会以后者要求分担行业差务和官府承认新团体的独立性而告终。因此，同一行业的多个商人团体可以在同一个市场上共存，它们都得到官方认可且都向当地官府承担部分指定的商税或差务。即使在重庆这样的二级木材市场，城内也至少有三个帮，如果算上散布在郊区城镇的商帮，则有大约六个。在杭州、汉口、南京等较大的市场，与木材相关的行会数量更多，其权责界限也更加明确。当整个国家在 19 世纪中叶深陷财政危机而被迫施行厘金制度时，地方官府和商人组织之间的集体纳捐安排没有被遗弃，而是被调整纳入新制度的运作之中。

149

厘金税

为了应对中央和各省因长期军事行动而造成的财政危机，深陷太平天国起义和各地动荡的清廷引入了厘金税，这是一种低税率的过境商税。厘金肇端于 1853 年，最先在江苏采用，后迅速遍行全国。[21] 最初是一些省级官员率先征收厘金，后来厘金税则越来越多地由户部授权和控制，并成为 19 世纪下半叶清廷的财政支柱。厘金标志着清代商业税收政策的重大转变。此前，清廷仅在主要的跨区域贸易路线上设立了 12 个国内常关，直接征收过境税。19 世纪 50 年代以前，从国内常关征收的商业税约占国家财政收入的 10%。[22] 至于地方官府和商人团体之间达成的集体纳捐安排，始终都处在法律的灰色地带。

随着厘金的采用，清代国家加强了对商业直接和定期征税的能力。最明显的变化是厘金局卡的设立，数量达到数千个之多，分布在最繁忙的水陆交通沿线。虽然一些厘金局卡的设立是为了顶替之前在太平天国运动期间被损毁的国内常关（如南京的龙江关），但绝大多数是新增的征税点。当时及后世的学者都感叹商业贸易负担急剧增加，这虽然是不争的事实，但是不要忘了，1862 年记载的 2500 多个厘金局卡的数量，与幅员小得多的北宋的税卡密度（1077 年为 2060 个）大致相当。北宋并没有因为其商业税收政策而受到太多批评，反倒是因其国家—市场的协同关系而广受赞誉。[23] 从这个角度看，清末关于厘金的争论更多地反映了盛清时期非常低的标准化商业税收水平。到 1885 年，清代国家的财政收入在 40 年间从 4100 万两增加到 7700 万两，而厘金贡献了其中的大约 20%。从 1885 年到 1911 年，厘金的绝对数值又翻了两番，从 1200 万两增加到 4300 万两。[24]

以从赣州到南京这一条木材贸易的主干道为例。在采用厘金制度之前，一个木商走这条路线要累计支付大约 12% 的税，其间经过四个常关（赣关、九江关、芜湖关和龙江关）。而在厘金制度下，沿线的税卡总数增加到 11 个。[25] 考虑到江西、安徽和江苏的厘金税率和征收方法的差异，该商人将支付大约 45% 的厘金税。[26] 尽管货物的应税估值通常低于其在目的地销售时的市场价值，但与设立厘金之前的时期相比，税率还是很明显地大幅提高了。

遍布全国的厘金局卡和税吏构成了直接商业税收的底层结构。一到厘金局卡，木材商人就要申报其簰筏的种类、数量和价值。厘金局卡收到申报单后，会派出吏员检查货物，根据核实的商品数量，开具厘金税额。每个商人再持税单到局卡支付。[27]大多数省份（尽管具体设计有所不同）所用的厘金收据都是一式三份，一份保留在厘金局卡，一份发给商人，一份提交给省厘金局进行审计。收据有一定有效期，商人要在期限内在其行程剩余的局卡通过检查。[28]

行会的"认捐"

除了这种正式的直接商税征收外，"认捐"也是厘金局和商人组织之间的一种常见税务安排。商人组织自我评估，并向厘金局或其他税务机构承担组织层面的税额；反过来，持有该组织颁发凭证的会员个体在通过相应的厘金局卡时将无需直接纳税。除了过境税，这种安排也通常用于地方市场以类似厘金名义进行的其他课税。[29]例如，在汉口，竹木厘金局将木税的征收委托给了当地的两湖会馆和木行公会。这些行会的缴税方案是，从会员的木材中收取一定比例的费用作为基金，并将基金的一部分作为厘金提交给厘金局。[30]同样，杭州的课商木业公所（见第四章）作为一个由木材买家建立的组织，承担了发运到附近六个江浙州府的木材的厘金税额。这使它可以合法地向会员收取会费，并强制要求所有来自这些州府的木材买家都必须加入该公所。[31]

151

199

从清末到民国时期，上海的两个木材行会——木商公所和震巽木商公所*——对一系列关税杂费等采用集体纳税的做法，包括厘金和类似的过境税、特定种类木材税、常关和海关税以及向土地局缴付的系泊租费。[32]由行会发出的会员凭证可确保商货快速过卡，并可免受索贿税吏的骚扰。[33]这种税务安排的特点是，行会每月或每年向税务机构支付税捐，包括震巽木商公所的"洋木捐"和南市木商公所的"广木捐"。[34]南市木商公所指定一名职员，其姓名在海关备案，以帮助公所成员申报关税和调解与海关打交道时出现的任何问题。[35]商人行会还会通过集体谈判来抵制增税，例如南市木商公所抵制对福建木材运输船增税，震巽木商公所会就进口木材的税额讨价还价。[36]

在商人行会一次性认捐缴税的案例中，税款自然是来自向行会成员收取的会费。会费的金额通常根据成员商号的规模而有所不同，但与成员商号的预估税金并不完全对应。事实上，行会中几个领头的商号为行会基金贡献的份额很大。以震巽木商公所为例，最大的几家商号每家一次性缴存 3 000 两首付，之后每月缴存 40 两，普通成员缴纳入会费 30 两，每月缴存不到 1 两。由于公所的组织条例规定投票权与捐款挂钩，这一机制意味着大商号帮助较小的商号承担了税责，从而换取合法的内部决策权。[37]行会、公所的基金也会起到一定的缓冲作用：政府各机关频繁地

152

---

* 木商公所成立于 1858 年，1899 年更名为木商会馆，1927 年改组为南市木商公会。震巽木商公所成立于 1905 年，1925 年改组为震巽木业公会。二者都是近代上海的全市性木业同业组织，但有所区别，比如前者地处南市、主营华木，后者地处北市、主营洋木等。下文涉及两个组织在不同时期的称谓，为便于阅读和区分，下文分别称南市木商公所和震巽木商公所。

增加税额，若商人团体未能成功抵制，在调高会费之前会先从基金中拨付以应急。1925年，由于专税局要求增加五倍的税额，震巽木商公所不得不提高成员每月缴纳的费用。当时，震巽木商公所规定，普通成员的月费增加20%，前十大成员的月费（在已经很高的基础上）增加30%—40%。[38]

实施厘金制度后，清廷对工商业直接征税的能力日益增强，这使得普通商人通过行会集体缴税的态度也发生了变化。在厘金制度引入之前，国家对流动商人的直接监管微乎其微。直接过境税只在少数国内常关征收，税率也相对较低。组织化的商人团体明显是地方官府榨取的目标，而任何商业组织之外的个体商人更容易规避这些要求，并在节省成本方面拥有相当大的优势。换句话说，从个体商人的角度来看，尽管加入商业组织可能带来其他好处，但集体纳税的安排往往被看作是一种负担。

19世纪中期以后，商业税直接征收的推广改变了上述情况。木材贸易最为繁荣的长江中下游地区（包括湖北、湖南、江苏、江西、浙江）恰好是各省厘金局卡网络密集设立的区域。木簰体量巨大，无处可藏。好消息是，长期以来商人团体集体认捐纳税的做法被纳入厘金税制度。从个体商人的角度来看，集体纳税的选项现在更为可取。商人团体与国家机关就税率进行斡旋的能力对潜在的成员看来很有吸引力。如果有行会集体纳税的保障，个体商人就可以免去在税卡漫长地等待、波动的税率以及索贿税吏的麻烦。

在致非成员的公开信中，震巽木商公所将集体纳税的安排列为加入公所的一大福利："又如木捐一项每年由公所认捐，较

153

诸各同业各自纳捐，不但留难需索之弊可免，而经济上亦大减负担，营业便利实非浅鲜。税所历年交涉屡欲收回仍归官办，并有增加捐数等因，亦持有公所百计经营竭力抗阻得免。"[39]事实上，一些非成员商人为了获得集体认捐纳税的保障，也会选择按月向震巽木商公所缴纳会费。[40]

这一视角进一步拓展了我们对 19 世纪后期行会激增之根源的理解。早先的研究文献认为，国家对商人团体税捐的需求日益增长，行会的激增应理解为对这一需求的有组织回应。[41]虽然国家索取的加重的确是一个诱因，但更确切地讲，是直接税机构的扩张和它未能完全取代传统的间接纳税渠道的双重影响，使得集体认捐纳税的选择在清末和民国时期对商人群体更具吸引力。

对抗违约和信息不对称问题

除了促进商业税的征收（这既是满足国家的需求也是保障行会成员的利益），行会在规范贸易行为和执行合同方面同样发挥着至关重要的作用。行会的这一功能对于跨越时空的交易尤为重要。在像木材生意这样高度依赖信用的贸易中，违约风险和信息不对称问题持续影响并阻碍商品和资本的流动。由正式和非正式机构组成的合同执行制度必须足够有效，方可防止过度拖欠违约，否则大部分的长途交易压根就不会发生。

违约是商业纠纷最常见的原因，它可以有多种形式，不仅仅是直接拒绝付款。例如，有一种情形是在订单下达很长时间订高风险合同。贸易排斥的威胁和在整个商人圈子里的声誉损失大大提高了违约成本。例如，19世纪80年代的南市木商公所条例规定："如该行客届期不兑，及藉词拖我等情，抄送公所，立出知单，应令各号与该行客暂停交易。如有私自发货者，一经查出其上首所欠货银，及向发货之家取偿，仍照议重罚。"这一规定在1898年和1916年更新的公所章程中被保留了下来。[52]

同样，1911年，震巽木商公所在章程中规定，当得知有客户违约时，公所将向所有成员发出通知，与该违约客户有业务往来的每个成员都必须报告其未偿债务的数额。然后，公所将印发一份汇集这些信息的传单，所有成员应停止与违约客户的交易。公所的制裁只有在所有未清账目清缴后方能解除。如果某个成员在收到通知后继续与违约客户进行交易，那么其在因交易损失而提起诉讼时就会失去公所的支持："今后同业遇累，凡告由公会宣布该主顾名姓者，倘各同业仍有私与往来交易，致受损失，公会自不能为丝毫援助，并将事由通知各同业，俾得周知。"此外，章程还规定了与建筑承包商打交道的具体规则，而建筑承包商是震巽木商公所的主要客户群。震巽木商公所还敦促成员注意那些通过招募新合伙人和更改公司注册信息来躲避债务的承包商。成员如发现该承包商变成其他建筑公司的合作伙伴，应通知公所向所有成员发出提醒："有一种刁猾作主，前账置之不理，而招人合股改号、加记，掩人耳目，复通交往，追至货款负巨，故态复萌，吾同业务悉心查察，倘果有未了之人合股，务祈报告声明，不为所朦。"1925年和1930年的该组织章程中保留了这些条款并有所补充，公会的制裁机制同样适用于客户在下单后试图利

156

用价格下降而拖欠款项的情况。[53]

我们可以从南市木商公所与其成员之间的通信中一窥制裁机制的运作。每月，南市木商公所要求会员提交延期超过四个月的应收账款细目。公所的要求是，如果成员商号不举报那些未按时偿付的客户，日后发生相关纠纷时就不能要求公所提供协助。在统计每个客户拖欠其成员的债务之后，公所采取了第一步措施，即以公所的名义致信逾期债务人，要求其立即偿还债务。[54]

公所还会不时地以集体制裁施压。例如，公所的理事会通告全体成员停止与吴江县的义泰丰进行交易，因为后者无视南市木商公所接连数封要求其立即向成员商号付款的信函。南市木商公所在报纸上发表公告，敦促债务人及时清算未偿还之债务，并警告将于下月初实施集体制裁。从成员们要求公所发布停禁交易公告的信件可以看出，集体制裁的警告是一件利器。有时，公所根据成员的一致要求，会在某些地方发起针对特定违约客户群的制裁活动。例如，南市木商公所在1929年组织了针对青口镇沙河帮木商的制裁。南市木商公所的七名成员提交了青口镇木材商号的名单及每家商号所欠款额。公所将汇总清单发送给青口商会以敦促清还欠款。[55]

木材行会还有裁决成员间纠纷的权力。在破产案中，根据业主或债权人的要求，行会可以扣押财产、清算账目，并监督向债权人和股东的破产清算分配。行会要求成员及时报告所有权或管理层的任何变化。这些信息对破产案件至关重要，因为债权人通常只与管理者打交道，但缺乏有关所有者及其各自股份的信息。因各自的债务发生纠纷的合伙人也要求行会作出裁决。[56]

157

业主替他作保。实际情形也可以反过来，木材商人作为承包商对业主的担保人，同意在承包商潜逃的情况下负责完成项目。另外有些合同规定，在项目完成时，业主将直接向木材商人支付所欠的款项。因此，木材商人、建筑承包商、房产业主中的任何二者之间都可能产生纠纷。最后，由于承包商和木材商人属于不同的行会，他们之间的纠纷超出任何单个行会的管辖范围，因此他们更有可能对簿公堂。

值得注意的是，木材商人（无论是跨地域的还是上海本地的）之间的纠纷很少诉诸公堂（这样的案件总共只有 10 起）。他们诉诸公堂的情况，通常涉及多个诉讼人，或涉及复杂债权纠纷的破产案件。木材商人之间很少因为单纯的交易拖欠问题而引发诉讼。原因之一在于商品和信贷的跨区域流动结构。例如，如果一个上海商人未能付款给他的福建卖家，接下来最有可能的程序是卖家在福州法庭起诉上海商人驻当地的采购办事处。如果住在江浙其他地区的木材买家拖欠上海卖家的货款，后者选择在江浙当地起诉比在上海起诉更有效。尽管如此，与南市木商公所的档案记录（木材商人之间的纠纷最常见）相比，上海司法档案中此类案件的匮乏（特别是当地商人之间的纠纷之少见）表明当地行会在解决同业之间的简单纠纷方面颇有成效。

尽管会审公廨是一个特殊的殖民性质机构，且体现着中国与诸条约列强之间紧张的政治和法律关系，但我对普通商业纠纷的研究表明，会审公廨与国内普遍的司法体系在处理此类案件时并没多少差别。[71] 尽管样本有限，但在外国公司作为原告的 20 多起案件中，我没有看到其审理过程与仅涉及中国人的案件有任何

161

偏差。原则上，上海县令或会审公廨是否有管辖权取决于被告的居住地或营业地。然而实际上，当案件只涉及中国籍人士时，诉讼当事人有相当强的灵活性。当有些诉讼当事人对某个司法机关的诉讼结果不满意时，就会转向另一个机关，希望得到更有利的判决。然而，一旦对方当事人向审判官揭露这种企图，后者大概率会维持原判，除非有新的重要物证或在此前的诉讼中发现重大渎职行为。[72] 例如，1878 年，吴咏甫同意向原告担保被告 1900 两的债务，并在南市木商公所签订合同，故而此案交由上海县县衙审理。后来，债权人向法租界会审公廨起诉吴某未能支付剩余的 400 两债务。会审公廨会审官裁定，吴某必须在一周内付清款项，否则将被移交给上海县令进行进一步裁决。[73]

民国时期，法院的诉讼程序和判决与清代的司法实践相比发生了明显的变化。地方法院和会审公廨似乎是同步发展的。1910 年之前，地方衙门不太会明确判定被告有罪与否，也不太会直接决定被告向原告赔偿的具体金额。在大多数情况下，衙门只是敦促当事人自行解决纠纷。即使在判决一方有过错的情况下，衙门也不会判定具体的赔偿金额，而是让当事人进行协商。地方官的判决书通常会写着"限日理处"或"交保出外清理"。在多次判决后仍不能解决纠纷时，可以采取关押或刑罚的方式，迫使被告妥协。1910 年之前，行会的参与也更为明显。衙门支持由行会提出的和解方案，依靠行会董事的专业知识来核计账目和判断估值，并将案件提交给行会和商会进行庭外调解。

因此，在晚清的上海，上海县令以及两个会审公廨的会审官在处理商业纠纷时，遵循了与中国其他地区的同行相似的程序。

衙门受理案件本身就是支持原告的强烈信号，这有可能促成庭外和解，而案件最终不用上庭审理。许多人的目标只是让其案件得到受理，而不是经历完整的诉讼程序。当县令审理案件时，他经常敦促当事人利用庭外的调解平台，并将自己的干预限制在庭外谈判已经尽力的情况下。但即便如此，除了下令进行短期关押和实施轻微的刑罚外，衙门很少强制执行庭外达成的解决方案。此外，如果某一方坚决不遵守和解方案，衙门也没法采取有效手段来强制执行。[74] 当诉讼当事人声称行会的董事在调解中有失偏颇或不公平时，地方官虽然愿意出面干预，但他们也只不过是任命其他商人作为调解人罢了。[75] 当每个人都愿意参与时，系统的灵活性可以带来各方都能接受的妥协结果。但是，如果一方或双方拒绝妥协，这个体系实际上就无能为力，最终导致可能持续数月甚至数年的僵局。

　　这一切在进入民国后开始改变。国内的审判机构和租界的会审公廨都变得更倾向于作出明确的判决，而减少了直接将案件交给行会处理的次数。司法机关能力的提高在很大程度上归功于查账员这一新职位的设立。这个新职位大大减轻了司法机关对商业组织核算账簿的依赖。查账员的审计结果成为最重要的审理依据。[76] 司法机关对债务人经济状况的清楚掌握令法官更好地判断债务人应偿还的金额。它还使拍卖债务人的资产成为法院更可行的选择，而在会审公廨中，拍卖人的引入进一步促进了这一点。[77] 此外，律师的聘请不再局限于中外会审的案件，在中国商人中也成为一种惯例。当被告未能出庭时，法官会命令原告在当地报纸上刊登一则通告。如果被告（或其代理人）没有在规定

163

的时间内（通常是两周）到司法机关登记，当原告律师提供的证据被认为足够有力时，法官在被告缺席的情况下仍然可以直接作出判决。[78] 民国时期有 12 起案件（占有判决案件的 11%）是在被告或其代理人缺席的情况下审理完成的。

虽然直接将案件转到庭外调解的渠道已不常见，但行会继续在庭审程序中发挥作用。行会为自己和会员聘请有法律顾问。[79] 最重要的是，司法机关经常就具体事项的行规惯例向行会征求意见。例如，在一个涉及业主、承包商和木材店三角关系的典型案件中，江苏省法院就业主或承包商是否会签署木材收据的问题向震巽木商公所问询。[80] 这一类问询的法律基础来自 1913 年大理院 * 中的一项裁决，它规定："判断民事案件应先依法律所规定，无法律明文者，依习惯法；无习惯法者，则依条理，盖通例也。"[81] 在这一语境下，中文"条理"的最佳理解是指"在此类情况下为保持规则和秩序而公认的最佳适用原则"。[82] 在 1930 年中华民国《民法》最终颁布之前，这一裁定连同大理院院判例汇编成为实际操作中的民法。普通法院和会审公廨通常援引 1911 年《大清民律草案》和短命的 1906 年《大清破产律》中所规定的原则以及行会的行规作为"习惯法"和"条理"。[83]

一个共识是，载入行会章程的商业惯例只要与法律明文规定不冲突，即可作为法庭上可执行的原则。太仓商人朱耀清欠有南市木商公所几名成员的债务，他在太仓县地方法院败诉后，聘请律师上诉至江苏省最高法院，并指控债权人违反了南市木商公所

164

---

* 民国初年的最高审判机构，民国最高法院的前身。

这一跨越永嘉和上海的案件是通过行会组织和商会跨区域信息流动和诉求沟通的代表案例。为确保公平并帮助成员们规避风险，这些组织出面为成员处理复杂问题，如永嘉县商会向林震升的债权人分发欠款、震巽木商公所代理上海两家商号的敏感款项都是典型的例子。这些组织的协调比当事方必须完全依靠司法系统的做法要灵活且有效得多。正式的法律体系对资不抵债的情况应对缓慢，因此不能在破产公司的经理和股东挪用任何剩余资产并潜逃之前及时采取行动查没其资产。在上述案件中，代表债主利益的行会要求上海的两家商号在收到进一步指示之前扣留应付给林震升的款项，实际上冻结了林某的部分资产。冻结资金的处置权委托给了第三方——永嘉县商会，以确保林某的剩余资产在债权人之间得到公平的分配。

这种处置的效率和效果很大程度上归功于一种公认的非正式规范，即关于如何处理可疑破产问题的规范。这一规范以条款的形式体现在1925年震巽木商公所的章程中，它规定：

> 凡主顾有图吞货款隐匿财产或现有逃亡情迹以及所开工厂已濒倒闭，若求官厅依法定程序救济，其势迫不及待。本公会得经同业请求，援各照埠商会办法，会同地方村警或其公正士绅为证，先将该主顾或该主顾之财产即行扣留，或将财产查封之，一面再由该同业正式起诉，以图救济。[89]

在跨区域案件中，这一非正式程序的运作有赖于商会的沟通网络。行会和商会组织层面的制度安排有助于弥补正式司法体系

166

的某些局限性，特别是在解决矛盾性证据、了解不同行业具体的商业习惯以及在考虑到长途贸易者流动性和财产不透明的情况下的判决执行等方面。不同地方的商人团体之间的交流和合作，往往是通过商会的调解来实现的，这样就可以绕过正式官僚机构中缓慢的层级程序，并能够更及时地采取行动处理跨区域纠纷。鉴于民国初期政局动荡且司法体系混乱，商会网络所发挥的作用尤为重要。在解决跨区域纠纷时，商会能够以一种地方县令、司法机关以及行会都无法胜任的方式扫除障碍，直到很久之后这一功能才由一个更完备的法律体系承担。

167

永兴顺木行案

无锡永兴顺木行（以下简称永兴顺）案涉及上海、常州、无锡、宜兴四地木商之间复杂的贸易关系。它反映出破产案件的复杂性。该案的起因是一连串连锁反应的结果，包括违约败露、审判期间大量的庭外操纵和谈判，以及木业公会为维护成员权利所采取的措施。[90] 本章前述的各种制度和沟通渠道在这个案例中都有充分的体现，但它们仍然功亏一篑，故而此案可以很好地说明该体系的承载力及上限。

该案始于 1932 年永兴顺从上海寅记购买木材一事（图 5.1）。永兴顺以常州本地钱庄担保的本票支付了 2000 元，剩余的 4900 元未支付。寅记索要余款未果后，便向无锡县法院以诈骗罪起诉永兴顺经理俞屏甫和俞耀卿叔侄，以及其同伙常州大生木行、大布破产前并无需要优先偿还的债务，他们从上海的木店购买木材后没有立即付款，而是将转卖木材的收益用于偿还程金鉴的"债务"，这一操作在明面上完全合法。当永兴顺宣布破产时，已经没有多少余钱可以补偿债主了。虽然开泰和寅记对俞氏叔侄的起诉胜诉了，但程金鉴因证据不足被判无罪。俞屏甫应全额向上海两家木行支付的判决难以执行，因为从账面上看，俞屏甫和他的侄子在法律上是无力偿还债务的。最后，对俞氏叔侄和程金鉴的唯一真正惩罚是三个城市的木业公会和商会揭露了他们的欺诈阴谋，并宣布今后任何成员都不得与他们进行贸易。

俞氏叔侄和程金鉴在充分意识到这种惩罚的情况下仍然选择一意孤行，这表明信誉机制的效力是有限的。这个效力的限制被突破的点在于，从欺骗中获得的潜在收益超过了未来与上海木材从业者贸易所可能获得的所有利润。本案同样可以看出司法体系的效力是有限的。然而，永兴顺案说明了"局限性"的另一个方面，即各个执法机构的沟通和合作突破了它们各自的局限性，提高了它们的效力的上限。从木业公会到商会再到司法体系的纵向交流加强了从非正式商业习惯到半正式的行会章程再到正式的法院裁决的连续性。横向的沟通交流，主要通过不同地方的商会（有时是通过行会），进一步加强了非正式机构迅速应对跨区域案件的能力。当然，这种协同体系在永兴顺案中仍然达到了极限，但其承载力无疑高于每个机构单独运作的情况。像永兴顺这样的案例非常罕见，因而上海的木材贸易还是能够在信用机制的基础上继续蓬勃发展。重要的是正式和非正式执行系统的连续性，以及商人在这两者之间游刃有余的便利性。

170

本章小结

在 19 世纪，自发组织的商人团体激增，这些组织以办解差务的名义被纳入地方商业税收的框架。商人团体因承办地方官府的专项差务而获得合法地位，这加强了其在个体商人中的权威，并使其免受底层胥吏衙役的勒索盘剥。然而，需要注意的是，一个行会不能仅仅因为承办地方官府差务就自恃拥有特权而强迫同行竞争者俯首称臣。虽然一个已成立的商业团体会寻求地方衙门的支持，迫使新商号加入，或以这些措施是行会办理差务所需为由惩戒拒绝缴纳会费的成员，但这些尝试并不总是成功的。

虽然在此类诉讼中，个体反抗的前景渺茫，但如果反抗者组成有规模的团体，并自愿承担某些专项差务，那么他们就可以成为一个独立于现有行会且得到官方认可的组织。以这种方式，任何行会的权威都可以通过重新分配差务而受到挑战和修正。在 19 世纪上半叶，商人团体和地方官府之间的这种纳捐的安排处于法律的灰色地带，朝廷在很大程度上对这种日益普遍的现象睁一只眼闭一只眼。这些灰色收入在朝廷的审计控制之外，为经费本就捉襟见肘的地方衙门补充了资金。

清代在 19 世纪 50 年代引入厘金税制度后，极大地增强了直接征收商业税的能力。各省立即从厘金税中获益，朝廷很快就开始将这种新税揽入监管和控制之中。清廷在全国范围内设置的两千多个厘金局卡成为征收过境税的基础设施，其覆盖的密集程度超过了宋代，这在数个世纪以来还是头一次。然而，这种直接征

171

税的基础设施并没有完全取代商人团体和地方官府之间业已建立的纳捐制度。相反,商人组织的"认捐"做法被纳入厘金税制度之中,并在19世纪下半叶变得更加普遍。商人组织自我评估,并以行会组织为单位,向厘金局办解税额;作为回报,持有该组织颁发文书的个体成员在通过厘金局卡时将免于直接征税。加入行会认捐计划的商人不必经历在税卡的漫长等待,亦可避免税率不一致或衙役索贿带来的滋扰。在某种程度上,随着国家直接征税机构在清末民初的扩张,加入由商人组织支撑的认捐制成为一个更有吸引力的选择。

除了与地方官府的互动以及与税收相关的职能外,商人组织还通过其他方式履行重要的市场职能,包括统一业内商业惯例的规范、内部执行机制以及其他正式或非正式的纠纷调解机制等。行会的税收职能和市场职能是密不可分的。事实上,认捐的好处已成为一种权益,以至于行会可以利用它作为筹码,在其成员之间执行公会规范,其中最重要的是处理违约和欺诈。除了行会的声誉机制和集体制裁等解决方案外,司法系统对商业惯例的支持为连贯一致的执行系统提供了更多正式的支持。自20世纪头十年以来,商会网络进一步加强了从非正式机制过渡到较正式机制的连续性,为纵向的组织间沟通和横向的跨区域纠纷解决开辟了可靠渠道。通过遏制欺诈性交易,这一相辅相成的制度安排加强了信贷的使用,促进了木材的顺畅流动。

注释

[1] 有关18、19世纪新型商业组织的大量涌现,参见邱澎生《十八、十九世纪苏州城的新兴工商业团体》。

［ 2 ］刘广京：《中国的商人行会：一次历史考察》。

［ 3 ］陈醒、陈立廉：《汉阳鹦鹉洲竹木市场史话》，第 127 页。

［ 4 ］《明清苏州工商业碑刻集》，第 123—125 页。

［ 5 ］相关综述，参见莫克莉《17 至 20 世纪的中国行会》；刘广京《中国的商人行会：一次历史考察》；曾小萍《帝制晚期中国的商业实践》（"Chinese Business Practice in the Late Imperial Period"）。

［ 6 ］乾隆《大清会典则例》，卷 18、35；薛允升：《读律存疑》卷 17《户律九》"私充牙行埠头"，3。

［ 7 ］《嘉庆朝实录》，嘉庆八年（1803）九月癸丑；《光绪朝实录》，光绪九年（1884）二月甲戌。

［ 8 ］戴史翠：《千头万绪》，第五章。我强调集体行动的经济利益是商人成立行会的主要理由，这补充了戴史翠对国家推动商人团体形成的解释。在这一时期，多种不同的因素同时促进了商业组织的激增。

［ 9 ］戴史翠：《千头万绪》，第 240 页。

［10］曾小萍：《帝制晚期中国的商业实践》，第 785—786 页；戴史翠：《千头万绪》，第 259—261 页。

［11］巴县档案，档案编号 006-056-0868。

［12］巴县档案，档案编号 006-056-0868。

［13］在木材贸易的类似案件中，地方官员支持商人团体惩罚不守规矩的个人。巴县档案，档案编号 006-0560905，第 41、51、52 页。

［14］马士：《中国的行会》。

［15］巴县档案，档案编号 006-6336。

［16］巴县档案，档案编号 006-6336。

［17］在重庆木材贸易各帮的几起纠纷中，也援引了"各贸各差"原则。巴县档案，档案编号 006-4527、006-056-0905。

［18］这里的讨论只涉及商业行会。中国和欧洲的手工业或匠人行会不在本书的比较范围之内。

［19］有些学者强调欧洲行会在形成网络、促进专业化、培养人力资本等方面的经济效益。参见 Epstein and Prak, *Guilds, Innovation and European Economy*；Epstein, "Craft Guilds in the Pre-Modern Economy"。其他人则注意到行会操纵价格和限制市场准入的问题。参见 Ogilvie, "Rehabilitating the Guilds"；Ogilvie, "Institutions and European Trade"。

［20］Ogilvie, "Economics of Guilds."

［21］曼素恩：《地方商人与中国官僚 1750—1950》，第 103—105 页。

［22］申学锋：《清代财政收入规模与结构变化述论》，第 87 页。

［23］关于税卡的数量数据，参见刘光临《宋代中国财政国家的形成（960—1279）》（"The Making of a Fiscal State in Song China, 960-1279"），第 69 页；罗玉东《中国厘金史》，第 81 页。关于宋代国家—市场动态的积极评价，参见万志英《帝制中国的财政国家形态》（"Modalities of the Fiscal State in Imperial China"）。

［24］申学锋:《清代财政收入规模与结构变化述论》,第84—85、88页。

［25］荫青:《江西之木材业》。

［26］关于各省厘金费率和收缴方式一览表,参见罗玉东《中国厘金史》,第81页。有关我统计方法的细节,参见张萌《长江沿线的木材贸易》("Timber Trade along the Yangzi River"),第232—235页。

［27］罗玉东:《中国厘金史》,第99—103页。

［28］罗玉东:《中国厘金史》,第93—99、625—640页。

［29］罗玉东:《中国厘金史》,第109—117页。

［30］陈醒、陈立廉:《汉阳鹦鹉洲竹木市场史话》,第128页。

［31］陈瑞芝:《杭州木材业的内幕》,第94—95页。

［32］税收相关事项大多收录在上海市档案馆,档案编号S145-2-5。

［33］上海市档案馆,档案编号S145-1-7。

［34］上海市档案馆,档案编号S145-2-5、S145-1-33。

［35］上海市档案馆,档案编号S145-2-8。

［36］上海市档案馆,档案编号S145-1-33、S145-1-7。

［37］上海市档案馆,档案编号S145-1-7。

［38］上海市档案馆,档案编号S145-1-7。

［39］《震巽木业公会报告录》,第39—40页。

［40］《震巽木业公会报告录》,第19—22页。

［41］根岸佶:『中國のギルド』;根岸佶:『上海のギルド』,第243—247页。

［42］类似的例子,参见《申报》,1898年8月31日(第3版)、1906年1月17日(第9版)。

［43］相关条规参见上海市档案馆,档案编号S145-1-2、S145-1-3。

［44］上海市档案馆,档案编号S145-1-13、S145-2-7。

［45］上海市档案馆,档案编号S145-2-7。

［46］《申报》,1919年1月3日(第10版)。

［47］参考《申报》,1884年2月6日(第3版)、1899年2月4日(第9版)、1904年5月29日(第3版)、1909年1月7日(第12版)、1923年7月6日(第16版)、1927年4月4日(第15版)。

［48］《申报》,1923年3月1日(第14版)。

［49］《申报》,1875年8月13日、1910年8月22日(第12版)、1910年8月26日(第11版)、1910年8月31日(第12版)。

［50］上海市档案馆,档案编号S145-1-2、S145-1-7。

［51］类似的案例,参见上海市档案馆,档案编号S145-2-6。

［52］上海市档案馆,档案编号S145-1-2、S145-1-3。

［53］全部的条规收录在上海市档案馆,档案编号S145-1-7。

［54］上海市档案馆,档案编号S145-2-7。

［55］上海市档案馆,档案编号S145-2-7。

［56］上海市档案馆,档案编号S145-2-4。

[57] 上海市档案馆，档案编号 S145-2-6。

[58] 上海市档案馆，档案编号 S145-1-2。

[59] 南市木商公所与当地政府就存放木材的河滩进行了长期谈判，参见《申报》，1916 年 12 月 1 日（第 10 版）、1917 年 1 月 4 日（第 11 版）、1917 年 3 月 9 日（第 10 版）、1917 年 3 月 16 日（第 11 版）、1917 年 4 月 10 日（第 11 版）、1917 年 4 月 26 日（第 10 版）、1917 年 9 月 30 日（第 10 版）、1918 年 1 月 30 日（第 10 版）、1918 年 5 月 12 日（第 10 版）、1918 年 6 月 12 日（第 10 版）、1918 年 7 月 28 日（第 10 版）。

[60] 安排巡逻船只的定期报告和信件，参见上海市档案馆，档案编号 S145-2-8。

[61] 上海市档案馆，档案编号 S145-1-59。

[62] 奥尔森（Mancur Olson）:《集体行动的逻辑：公共利益和团体理论》(The Logic of Collective Action: Public Goods and the Theory of Groups)。

[63] 杜恂诚:《近代中国钱业习惯法：以上海钱业为视角》，第 43 页。

[64] 杜恂诚:《近代中国钱业习惯法：以上海钱业为视角》，第 58 页。

[65] 罗威廉:《汉口：一个中国城市的商业与社会 1796—1889》，第 174 页。

[66]《湖南商事习惯报告书》，第 192—194 页。

[67] 杨湘钧:《帝国之鞭与寡头之链——上海会审公廨权力关系变迁研究》，第 46—56 页。

[68] 关于上海会审公廨的建立，参见托马斯·斯蒂芬斯（Thomas B. Stephens）《中国的秩序与纪律：上海会审公廨 1911—1927》(Order and Discipline in China: The Shanghai Mixed Court, 1911-1927)，第 44—47 页；杨湘钧《帝国之鞭与寡头之链——上海会审公廨权力关系变迁研究》，第 67—73 页，第 91—96 页。

[69] 关于民国时期会审公廨的管理变化，参见托马斯·斯蒂芬斯《中国的秩序与纪律：上海会审公廨 1911—1927》，第 48—51 页，第 64—65 页。

[70] 洋木公司派中国的买办担任其在震巽木商公所的代表。上海市档案馆，档案编号 S145-1-7。

[71] 现有的关于上海会审公廨的研究主要集中在权力关系的互动和东西方不同法律文化之间的张力上。这些研究使用的材料主要是反映各方立场分歧的文件，以及突出表明潜在冲突的法律案例。见杨湘钧《帝国之鞭与寡头之链——上海会审公廨权力关系变迁研究》；托马斯·斯蒂芬斯《中国的秩序与纪律：上海会审公廨 1911—1927》。我论证了会审公廨与国内法院在处理商业纠纷方面的相似之处，挑战了一种普遍的观点，这种观点认为，会审公廨是西方人引入新的正式制度的单向通道，从而促进了上海的经济增长。关于这种研究路径，参见马德斌《传统中国的法律和经济》("Law and Economy in Traditional China: A 'Legal Origin' Perspective on the Great Divergence")。

[72]《申报》，1902 年 6 月 11 日（第 9 版）。

[73]《申报》，1878 年 1 月 4 日（第 3 版）。

[74] 关于清代商业诉讼，参见范金民、姚旸、倪毅《明清商事纠纷与商业诉讼》；戴史翠《清代中国的跨司法管辖区贸易与合约履行》。

[75] 参见《申报》,1899 年 1 月 25 日(第 9 版)、1899 年 2 月 6 日(第 9 版)、1899 年 5 月 12 日(第 3 版)。

[76] 参见《申报》,1918 年 11 月 12 日(第 11 版)、1919 年 1 月 18 日(第 11 版)、1918 年 11 月 25 日(第 11 版)、1922 年 1 月 8 日(第 12 版)。

[77] 郭泰纳夫(Anatol M. Kotenev):《上海会审公堂与工部局》(*Shanghai: Its Mixed Court and Council*),第 272 页。

[78] 参见《申报》,1919 年 11 月 27 日(第 11 版)。

[79] 上海市档案馆,档案编号 S145-2-7。

[80] 上海市档案馆,档案编号 S145-2-6。

[81]《中国最高法院判决》(*The Chinese Supreme Court Decisions*),no.1,2d year A.C. 64,载郭泰纳夫《上海会审公堂与工部局》,第 431 页。

[82] 托马斯·斯蒂芬斯:《中国的秩序与纪律:上海会审公廨 1911—1927》,第 87 页。

[83] 黄源盛:《民初大理院与裁判》;郭泰纳夫:《上海会审公堂与工部局》,第 257—271 页。托马斯·斯蒂芬斯:《中国的秩序与纪律:上海会审公廨 1911—1927》,第 88 页。

[84] 上海市档案馆,档案编号 S145-2-7、S145-2-6。

[85] 关于商会成立的情况,参见陈忠平《长江下游商会的起源》("The Origins of Chinese Chambers of Commerce in the Lower Yangzi Region")。

[86] 马敏、朱英:《传统与近代的二重变奏——晚清苏州商会个案研究》;马敏:《商事裁判与商会——论晚清苏州商事纠纷的调处》;戴史翠:《在法律的阴影外:晚清重庆的企业清偿、国家塑造和破产新政改革》("Beyond the Shadow of the Law: Firm Insolvency, State-Building, and the New Policy Bankruptcy Reform in Late Qing Chongqing")。

[87] 苏州市档案馆,档案编号 I14-001-0817-068。

[88] 案件细节参见上海市档案馆,档案编号 S145-2-6。

[89] 上海市档案馆,档案编号 S145-1-7。

[90] 案件细节参见上海市档案馆,档案编号 S145-2-6。

结 语

172   直到 1890 年，中国的木材仍以国内供应为主。长江流域的木材来源地主要是江西、湖南和贵州。珠江三角洲的下游则从西江上游的高地吸纳木材。浙江沿海和苏南地区还从福建海运木材作为补充，但规模较小。在这些跨省的木材流动中，主要的木种是杉木，其次是松木。华北地区，特别是直隶一带，通过大运河从长江的贸易体系中获得木材，但黄河流域的建筑材料主要是砖、土（如黄土高原的窑洞）。东北地区的原始森林基本未受影响，输出的木材也很少。[1] 但这种基本结构在 19 世纪末开始发生变化。

从 1890 年到 1937 年，整个木材市场的结构发生了重大的调整。由于新兴工业对木材的需求激增，长江木材贸易体系经历了几个繁荣期，但在这个饱经动荡的时代一直也饱受河运停滞的困扰，最终相当大的市场份额最终都让位于新的木材供应来源。在中国、日本和俄罗斯的利益角逐中，中国东北的伐木业崛起，其很大一部分产品通过海运到达天津，供华东地区消费。来自福建和浙江南部的木材，也通过海运在新兴大都市上海和内陆地区占据市场。随着跨太平洋运输的成本大幅降低，机器加工的优质洋木开始流入中国。来自美洲大陆太平洋西北地区的花旗松

（Douglas fir，拉丁学名 *Pseudotsuga menziesii*，在中国俗称"华旗松"或"洋松"）席卷了新兴通商口岸的建材市场。

在此期间，南京国产木材的年交易额约为 400 万至 500 万两，与我们估计的 18 世纪下半叶的水平相当。较小的木材（圆围 1—1.8 尺，即胸高直径 0.3—0.6 尺，龙泉码中的"分码"和"小钱码"）来自湖南和江西，其中西湖木的价格高于东湖木和西木。圆围超过 1.8 尺的木材（中钱码、大钱码、七八九码和单两码）大多来自西湖木。木材市场的木材在传统上以"分码"和"小钱码"为主。[2]湖南和江西木材的价差在清亡后逐渐缩小，当时来自湖北的大治帮商人充当日本三菱和三井财团的买办，带着充足的资本进军清水江流域，积极增加木材产量，使得西湖木的价格下跌。这破坏了种植和采伐之间的长期平衡，并导致了该地区的一轮过早采伐。[3]西湖大木的价格上涨较为平稳。在洋木开始涌入之前，国内杉木贸易出现过一段繁荣期，杉木被用以建造新的通商口岸和铺设铁路枕木。20 世纪 20 年代，由于现代的城市规划在中国方兴未艾，加上提倡国货运动的兴盛，政府采购了许多国产木材用于铺设路灯灯杆、电报电线以及水利设施和高层建筑的桩基。[4]

与此同时，从 20 世纪初开始，来自进口木材的竞争开始加剧。进口木材总值在 19 世纪 90 年代还徘徊在 100 万两左右，到 1910 年却已翻了五番，与南京国产木材的年营业额相当。在接下来的十年里，尽管每年的波动更大，但木材进口总值继续飙升，在 1920 年达到了历史最高的 1200 万两。[5]花旗松材质优良，并已经锯成各种尺寸的木料，这使得它很快占据通商口岸的木材市场，并将未经加工的国产原木挤出市场。尽管福州、上海和温州的一些国内商人在 20 世纪 20 年代开始建造机械锯木厂，并在加工木材市场占有一定份额，但他们无法彻底改变整个格局。[6]

1928 年国民政府定都南京，这再次刺激了南京这个传统木材市场中心短暂的繁荣。但很快，木材市场就受到全球性经济大萧条和长江特大洪水的不利影响。20 世纪 30 年代，随之而来的政治事变和军事冲突进一步加剧了长江木材贸易体系的解体。在国民党"围剿"期间，通往西南的交通经常被封锁，江西的商品输出也被完全切断。在 1937 年日本全面侵华前夕，长江流域传统的木材贸易网络已近衰败，并在全面抗战期间完全停滞。人们可能会想，森林是否会因为市场对国内木材需求的减弱而重新生长。但是，由于国内木材供给主要来自人工林而非天然林，木材需求的下降主要意味着木材专业化生产的利润减少。更普遍的是，区域间市场的解体促使以前的植木人改种谷物以维持生计，这进一步导致森林面积的缩减。抗战胜利后，官僚资本化、国有化和集体化体制的相继出现，使森林管理和木材分配的基本面发生了翻天覆地的变化。[7]

比较环境史视野下的中国再植林业

当学者们开始从"长时段"（*longue durée*）视角研究中国近三千年的环境史时，最引人注目的即是生态系统的可持续性问题。历史学家伊懋可提出的"三千年的不可持续增长"的论断，

市场：一把双刃剑

木材的市场需求一直被认为是导致天然林枯竭的主要因素，
这无可厚非。因此，当今大多数国家的林业法规都包括对林木
（即使不是国有的）采伐和销售的限制也就不足为奇了。它们遵
循一个简单的逻辑：消耗越少，就会有越多的树木屹立不倒。这
样的规定可能有助于保护残存的天然林，但在中国这样的社会却
可能适得其反，因为可持续林业在很大程度上依赖于新木材种植
园的建立。近几十年的历史经验验证了这一点。从 20 世纪 80 年
代的改革开始，以家庭为基础的森林管理重新回归。尽管林地的
权属发生了变化，使家庭有了更多的自主权和灵活性，但木材的
采伐和销售仍有严格限制，包括采伐许可、采伐配额、运输许可
以及国有木材公司的垄断。相比之下，对家庭农田或宅基地周围
的非用材树木，农民享有的权利几乎没有什么限制。自然地，农
民更热衷于种植果树而不是用材树。

虽然这些对木材采伐和销售的规定旨在保护现存的林木，但
还可以考虑到农民需要更自主地决定采伐、销售、抵押并从种植木
材中获利，而稳定可靠的利润对人工种植木材的可持续发展至关重
要。正如社会科学家刘大昌所强调的那样："需要区分对现有天然
林的监管和对人工种植林的监管，因为它们在保护和生产的相对重
要性上有所不同。只有充分享有对林木的完全权利才能有效地鼓励
农民在森林产量低的土地上种植更多的树木。"[19] 这不是简单地呼
吁森林全面"私有化"——私有化远非上一代学者和决策者所认为

的灵丹妙药，而是仔细考虑如何将构成抽象"产权"概念的权利集合（控制、收益、抵押、分割、转让等权利）划分和分配给不同的实体，以实现环境可持续发展和社会繁荣的理想结果。

成也市场，败也市场，这需要一种微妙的平衡，将市场对稀缺资源的需求转化为对森林管理长期投资的经济激励。在这方面，市场在帝制晚期的木材生产和供应体系中的作用颇具启发，尽管它绝不是一个可以照搬的理想模式。从山主、栽手到伐夫、筏工，从流动商人到牙行和零售商，供应链上的不同参与者群体都可以进入区域间木材贸易体系而获利。国家退出了直接的资源管理和市场控制，而是依靠间接手段来采买物资并监督市场活动。各级官府都利用贸易来获取木材和税收，但它们既没有过度干预市场运作，也没有最大限度地榨取木材供应。这些贸易制度和各级正式或非正式的合同执行平台提供了解决争端、鼓励诚信交易的路径。该系统的可持续性在于树木、木材、人员、资本的平稳循环。对这一循环的任何环节的阻碍，无论是运输路线受阻，还是金融危机侵蚀了商人的流动资金，最终都会影响到何时砍伐和是否重新种植的决定。

尽管事实证明，整个贸易体系对商业周期的正常干扰以及偶尔发生的自然或金融危机具有相当强的承受力，但它依然面临两方面的最终挑战。首先是总体生态的长期恶化，特别是对区域间交流的重要脉络——水利系统——的不断干扰。商业化造林只是社会和人口变化的宏观力量中的一个小方面。它无法补救无限制的开垦填湖对自然生态和水系所造成的损害。国家即使有意控制过度开垦，也是力不从心，对湖泊水系的维护往往疏于管理。生态水系已被人类

［2］ 许檀:《清代前期的九江关及其商品流通》，第89页；江西巡抚钱臻在嘉庆
二十三年（1818）四月二十七日的奏折，转引自廖声丰:《清代常关与区域经济
研究》，第122页。

［3］ 许檀:《清代前期的九江关及其商品流通》，第87页。

［4］ 廖声丰:《清代常关与区域经济研究》，第122页。

［5］ 这些统计基于倪玉平所引用的奏折，见倪玉平《清朝嘉道关税研究》，第88—96页。

附录三：关于土地契约分析方法的说明

191 本书第三章以黔东南清水江下游地区的千余份林契为基础进行了分析。此前，中国和日本学者基于历史文献和人类学的田野调查，对清水江下游及其周边地区进行了大量研究，对地方社会、民族志、造林技术、契约实践、市场、地方官府和国家参与等进行了大量"深描"，我从中获益良多。[1]对木材种植业来说，张应强和相原佳之的研究尤其有助于理解分股和契约交易中涉及的错综复杂的关系。我对这一学术领域的贡献，或者说对广泛意义上契约和土地制度研究的贡献，建立在整合两种研究方法的基础上——一种是精读和分析史料文本，另一种是系统性统计分析大量同质性数据。在这里，历史学和经济学的研究方法不仅并驾齐驱，更是相辅相成。

契约文书的标题，无论是文书的原始名目，还是出版编纂者给出的标题或名目，往往具有误导性、不相关，甚至是错误的。因此，要理解这些合同所涉及的复杂经济关系，就需要细致的文本分析和分类处理。这种细致分析大量样本所得出的分类名目，是我设计和搭建数据库的基础，所有的契约样本都再次根据分类原则进行审查和编码。这样一来，数据库的变量不是预先设192 定的，而是基于大量文本的分析和试错来确定的，这使我能够有

Arts 19, no. 2 (2012): 52–67.

Cohen, Myron L. "Writs of Passage in Late Imperial China: The Documentation of Practical Understandings in Minong, Taiwan." In *Contract and Property in Early Modern China*, edited by Madeleine Zelin, Jonathan K. Ocko, and Robert Gardella, 37–93. Stanford, CA: Stanford University Press, 2004.

Da Ming huidian 大明会典. Wanli edition prefaced 1587, full text in Scripta Sinica.

Dai Yuan 戴渊. "Nanjing Shangxin He mucai maoyi zhuangkuang" 南京上新河木材贸易状况. *Zhongguo nongxue hui bao* 中国农学会报 no. 129–30 (1934): 230–40.

Daniels, Christian. "Seisui ryūiki no Byōzoku ga shokurin o kaishi suru made: Ringyō keiei e to karitate ta sho yōin" 清水流域の苗族が植林を開始するまで—林業経営へと駆り立てた諸要因. In *Kishū Byōzoku ringyō keiyaku bunsho kaihen (1736–1950 nen)* 贵州苗族林业契约文书汇编 (1736–1950 年), edited by Christian Daniels, Yougeng Yang 杨有赓, and Fusaji Takeuchi 武内房司, 3:9–48. Tokyo: Tokyo University of Foreign Languages, 2003.

Daqing Guangxu xin faling 大清光绪新法令. 20 vols. 1910 Shangwu Yinshu Guan edition, GJK.

Deal, David Michael, and Laura Hostetler, eds. *The Art of Ethnography: A Chinese "Miao Album."* Seattle: University of Washington Press, 2007.

Demos, T. J. *Against the Anthropocene: Visual Culture and Environment Today.* Berlin: Sternberg Press, 2017.

Deng Yibing 邓亦兵. "Qingdai qianqi shuiguan de shezhi" 清代前期税关的设置. *Qingshi yanjiu* 清史研究 no. 2 (2007): 54–64.

Diamond, Norma. "Defining the Miao: Ming, Qing, and Contemporary Views." In *Cultural Encounters on China's Ethnic Frontiers*, edited by Stevan Harrell, 92–116. Seattle: University of Washington Press, 1995.

Dollar, Robert. *Memoirs of Robert Dollar.* San Francisco: W.S. Van Cott & Co., 1921.

Dongzu shehui lishi diaocha 侗族社会历史调查. Bejing: Minzu Chuban She, 2009.

Du Xuncheng 杜恂诚. *Jindai Zhongguo qianye xiguan fa: Yi Shanghai qianye wei shijiao* 近代中国钱业习惯法：以上海钱业为视角. Shanghai: Shanghai Caijing Daxue Chuban She, 2006.

Dykstra, Maura. "Beyond the Shadow of the Law: Firm Insolvency, State-Building, and the New Policy Bankruptcy Reform in Late Qing Chongqing." *Frontiers of History in China* 8, no. 3 (2013): 406–33.

———. "Complicated Matters: Commercial Dispute Resolution in Qing Chongqing from 1750 to 1911." PhD dissertation, University of California-Los Angeles, 2014.

———. "Cross-Jurisdictional Trade and Contract Enforcement in Qing China." *International Journal of Asian Studies* 16, no. 2 (2019): 99–115.

Elvin, Mark. *The Retreat of the Elephants: An Environmental History of China.* New Haven: Yale University Press, 2004.

——. "Three Thousand Years of Unsustainable Growth: China's Environment from Archaic Times to the Present." *East Asian History* no. 6 (1993): 7–46.

Elvin, Mark, and Ts'ui-jung Liu, eds. *Sediments of Time: Environment and Society in Chinese History*. Cambridge: Cambridge University Press, 1998.

Epstein, Stephan R. "Craft Guilds in the Pre-Modern Economy: A Discussion." *Economic History Review* 61 (new series), no. 1 (2008): 155–74.

Epstein, Stephan R., and Maarten Roy Prak. *Guilds, Innovation, and the European Economy, 1400–1800*. Cambridge: Cambridge University Press, 2008.

Fan Chengda 范成大. *Canluan lu* 骖鸾录, 1175.

Fan Jinmin 范金民, Yao Yang 姚旸, and Ni Yi 倪毅. *Ming Qing shangshi jiufen yu shangye susong* 明清商事纠纷与商业诉讼. Nanjing: Nanjing Daxue Chuban She, 2007.

Fan Shuzhi 樊树志. "Ming Qing caoyun shulue" 明清漕运述略. *Xueshu yuekan* 学术月刊 no. 10 (1962): 23–29.

Fedman, David. *Seeds of Control: Japan's Empire of Forestry in Colonial Korea*. Seattle: University of Washington Press, 2020.

Feeny, David, Fikret Berkes, Bonnie J. McCay, and James M. Acheson. "The Tragedy of the Commons: Twenty-Two Years Later." *Human Ecology* 18, no. 1 (1990): 1–19.

Foy, George. "Economic Sustainability and the Preservation of Environmental Assets." *Environmental Management* 14, no. 6 (1990): 771–78.

Freeman, Jody, and Charles D. Kolstad, eds. *Moving to Markets in Environmental Regulation: Lessons from Twenty Years of Experience*. Oxford: Oxford University Press, 2007.

Fu, Liguo, Yong-fu Yu, and Robert R. Mill. "Cunninghamia." *Flora of China*. Accessed January 8, 2020. www.efloras.org/florataxon.aspx?flora_id=2&taxon_id=108681.

Gan Xi 甘熙. *Baixia suoyan* 白下琐言. Reprint. Nanjing xijian wenxian congkan 南京稀见文献丛刊. Nanjing: Nanjing Chuban She, 2007.

Gatto, M. "Sustainability: Is It a Well Defined Concept?" *Ecological Applications* 5, no. 4 (1995): 1181–83.

Ge Jianxiong 葛剑雄, Cao Shuji 曹树基, and Wu Songdi 吴松弟. *Jianming Zhongguo yimin shi* 简明中国移民史. Fuzhou: Fujian Renmin Chuban She, 1993.

Gibson, Clark C., Margaret A. McKean, and Elinor Ostrom, eds. *People and Forests: Communities, Institutions, and Governance*. Cambridge, MA: MIT Press, 2000.

Giersch, C. Patterson. *Asian Borderlands: The Transformation of Qing China's Yunnan Frontier*. Cambridge, MA: Harvard University Press, 2006.

Guojia Linye Ju 国家林业局. "Shanmu susheng fengchan lin" 杉木速生丰产用材林. In *Zhonghua Renmin Gonghe Guo linye hangye biaozhun* 中华人民共和国林业行业标准 LY/T 1384–2007.

Haraway, Donna. "Anthropocene, Capitalocene, Plantationocene, Chthulucene: Making Kin." *Environmental Humanities* 6, no. 1 (2015): 159–65.

Hardin, Garrett. "The Tragedy of the Commons." *Science* 162 (new series), no. 3859 (1968): 1243−48.

Harvey, David. "The Future of the Commons." *Radical History Review* 2011, no. 109 (2011): 101−107.

Herman, John E. *Amid the Clouds and Mist: China's Colonization of Guizhou, 1200−1700*. Cambridge, MA: Harvard University Asia Center, 2007.

——. "The Cant of Conquest: Tusi Offices and China's Political Incorporation of the Southwest Frontier." In *Empire at the Margins: Culture, Ethnicity, and Frontier in Early Modern China*, edited by Pamela Kyle Crossley, Helen F Siu, and Donald S Sutton, 135−70. Berkeley: University of California Press, 2006.

——. "Empire in the Southwest: Early Qing Reforms to the Native Chieftain System." *Journal of Asian Studies* 56, no. 1 (1997): 47−74.

Hinton, Harold C. "The Grain Tribute System of the Ch'ing Dynasty." *Far Eastern Quarterly* 11, no. 3 (1952): 339−54.

Holling, C. S., and Gary K. Meffe. "Command and Control and the Pathology of Natural Resource Management." *Conservation Biology* 10, no. 2 (1996): 328−37.

Hostetler, Laura. *Qing Colonial Enterprise: Ethnography and Cartography in Early Modern China*. Chicago: University of Chicago Press, 2001.

Huang Yuansheng 黄源盛. *Mingchu Daliyuan Yu Caipan* 民初大理院与裁判. Taipei: Angle Publishing Co, Ltd., 2011.

Huangchao jingshi wen bian 皇朝经世文编. 120 *juan*. 1825 edition, full text from ctext. org.

Huishang gongsuo zhengxin lu 徽商公所征信录 (1909). In *Zhongguo huiguan zhi ziliao jicheng di yi ji* 中国会馆志资料集成第一辑, edited by Wang Rigen 王日根 and Xue Pengzhi 薛鹏志, 10:173−288. Xiamen: Xiamen Daxue Chuban She, 2013.

Hunan shangshi xiguan baogao shu 湖南商事习惯报告书 (1911). In *Hunan minqing fengsu baogao shu · Hunan shangshi xiguan baogao shu* 湖南民情民俗报告书 · 湖南商事习惯报告书. Reprint, Changsha: Hunan Jiaoyu Chuban She, 2010.

Inspector General of Customs. *Decennial Reports on the Trade, Navigation, Industries Etc of the Ports Open to Foreign Commerce in China and Corea and on the Condition and Development of the Treaty Port Provinces*. 4 vols. Shanghai: Statistical Department of the Inspectorate General of Customs, 1893, 1904, 1913, 1924.

Integrated Taxonomic Information System. "ITIS Standard Report Page: Cunninghamia." Accessed January 8, 2020. www.itis.gov.

Jiang Shunyuan 姜舜源. "Ming-Qing chaoting Sichuan caimu yanjiu" 明清朝廷四川采木研究. *Gugong Bowu Yuan yuankan* 故宫博物院院刊 no. 4 (2001): 24−32.

Jin Qin 金勤. "Qing mo sanda hangye zhiyi de Shangxin He mushi" 清末三大行业之一的上新河木市 no. 1 (1985): 26−28.

Jinping xianzhi 锦屏县志 1991−2009. 2 vols. Beijing: Fangzhi Chuban She, 2011. Kishimoto

Mio 岸本美绪. "Kishū no sanrin keiyaku bunsho to Kishū no sanrin keiyaku bunsho" 貴州の山林契約文書と徽州の山林契約文書. In *Kishū Byōzoku ringyō keiyaku bunsho kaihen (1736–1950 nen)* 贵州苗族林业契约文书汇编 (1736–1950 年), edited by Daniels Christian, Yang Yougeng 杨有赓, and Takeuchi Fusaji 武内房司, 3:165–90. Tokyo: Tokyo University of Foreign Languages, 2003.

Kobayashi Takashiro 小林高四郎. "Tō Sō gajin ko" 唐宋牙人考. *Shigaku* 史学 8, no. 1 (1929): 53–101.

———. "Tō Sō gajin ko hosei" 唐宋牙人考补正. *Shigaku* 史学 8, no. 3 (1929): 165–67.

Kotenev, Anatol M. *Shanghai: Its Mixed Court and Council Material Relating to the History of the Shanghai Municipal Council and the History, Practice and Statistics of the International Mixed Court. Chinese Modern Law and Shanghai Municipal Land Regulations and Bye-Laws Governing the Life in the Settlement.* Shanghai: North-China Daily News & Herald, Limited, 1925.

Lan Yong 蓝勇. "Ming Qing shiqi de huangmu caiban" 明清时期的皇木采办. *Lishi yanjiu* 历史研究 no. 6 (1994): 86–98.

Lee, John S. "Postwar Pines: The Military and the Expansion of State Forests in Post-Imjin Korea, 1598–1684." *Journal of Asian Studies* 77, no. 2 (2018): 319–32.

Lei Menglin 雷梦麟. *Dulü suoyan* 读律琐言. 1557. Reprint, Beijing: Falü Chuban She, 2007.

Li Bozhong 李伯重. "Ming Qing shiqi Jiangnan diqu de mucai wenti" 明清时期江南地区的木材问题. *Zhongguo shehui jingji shi yanjiu* 中国社会经济史研究 no. 1 (1986): 86–96.

Li Linqi 李琳琦. "Huishang yu Ming Qing shiqi de mucai maoyi" 徽商与明清时期的木材贸易. *Qingshi yanjiu* 清史研究 no. 2 (1996): 1–9.

Li Wenzhi 李文治 and Jiang Taixin 江太新. *Qing dai caoyun* 清代漕运. Rev. ed. Beijing: Shehui Kexue Wenxian Chuban She, 2008.

Liang Cong 梁聪. *Qingdai Qingshui Jiang xiayou cunzhai shehui de qiyue guifan yu zhixu: Yi Wendou Miao zhai qiyue wenshu wei zhongxin de yanjiu* 清代清水江下游村寨社会的契约规范与秩序——以文斗苗寨契约文书为中心的研究. Beijing: Renmin Chuban She, 2008.

Liao Shengfeng 廖声丰. *Qingdai changguan yu quyu jingji yanjiu* 清代常关与区域经济研究. Beijing: Renmin Chuban She, 2010.

———. "Qingdai Gan Guan shuishou de bianhua yu Dayuling shanglu de shangpin liutong" 清代赣关税收的变化与大庚岭商路的商品流通. *Lishi dang'an* 历史档案 no. 4 (2001): 85–92.

Lin, Manhong. *China Upside Down: Currency, Society, and Ideologies, 1808–1856.* Cambridge, MA: Harvard University Asia Center, 2006.

Lin Hongzhuang 林红状. "Ming Qing ji jindai yahang yanjiu zongshu" 明清及近代牙行研究综述. *Lishi jiaoxue* 历史教学 no. 24 (2008): 105–108.

Liu, Dachang. "Tenure and Management of Non-State Forests in China since 1950: A Historical Review." *Environmental History* 6, no. 2 (2001): 239–63.

Liu, Kwang-Ching. "Chinese Merchant Guilds: An Historical Inquiry." *Pacific Historical Review* 57, no. 1 (1988): 1–23.

Liu, William Guanglin. "The Making of a Fiscal State in Song China, 960–1279." *Economic History Review* 68, no. 1 (2015): 48–78.

Liu Boshan 刘伯山, ed. *Huizhou wenshu di san ji* 徽州文书第三辑. Guilin: Guangxi Shifan Daxue Chuban She, 2009.

Liu Hongmo 刘洪谟. *Wuguan quezhi* 芜关榷志, 1603.

Liu Mingguang 刘明光. *Zhongguo ziran dili tuji* 中国自然地理图集. 3rd ed. Beijing: Zhongguo Ditu Chuban She, 2010.

Liu Peiliang 柳培良 and Fan Jingyu 范净宇. "Nanjing shi mucai shikuang diaocha shang" 南京市木材市况调查上. *Nongye tongxun* 农业通讯 1, no. 10 (1947): 17–24.

Liu Shigu 刘诗古. "Ming mo yijiang Poyang Hu diqu 'shuimian quan' zhi fenhua yu zhuanrang: Yi 'maihu qi' he 'zuhu zi' wei zhongxin" 明末以降鄱阳湖地区 "水面权" 之分化与转让——以 "卖湖契" 和 "租湖字" 为中心. *Qingshi yanjiu* 清史研究 no. 3 (2015): 60–73.

Long Denggao 龙登高. "Diquan jiaoyi yu shengchan yaosu zuhe: 1650–1950" 地权交易与生产要素组合：1650–1950. *Jingji yanjiu* 经济研究 no. 2 (2009): 146–56.

———. "Qingdai diquan jiaoyi xingshi de duoyang hua fazhan" 清代地权交易形式的多样化发展. *Qingshi yanjiu* 清史研究 no. 3 (2008): 44–58.

Long Denggao 龙登高 and Peng Bo 彭波. "Jinshi diannong de jingying xingzhi yu shouyi bijiao" 近世佃农的经营性质与收益比较. *Jingji yanjiu* 经济研究 no. 1 (2010): 138–47.

Long Denggao 龙登高, Ren Zhiqiang 任志强, and Zhao Liang 赵亮. "Jinshi Zhongguo nongdi chanquan de duochong quanneng" 近世中国农地产权的多重权能. *Zhongguo jingji shi yanjiu* 中国经济史研究 no. 4 (2010): 18–26.

Lu Qizao 卢其慥. "Gannan mucai hangye shihua" 赣南木材行业史话. *Ganzhou wenshi ziliao di er ji* 赣州文史资料第二辑 (1986): 112–17.

Lu Yin 芦隐. "Bo xinding shichi muma zhi yuanli yi" 驳新订市尺木马之原理议. *Muye jie* 木业界 1, no. 3 (1940): 12–13.

———. "Shangxin He shanmu ye wushi nian gaikuang" 上新河杉木业五十年概况. *Muye jie* 木业界 (1940): 1.4, 5–9; 2.1, 10–13; 2.2, 13–17.

———. "Wo ye laitan Longquan ma" 我也来谈龙泉码. *Muye jie* 木业界 1, no. 3 (1940): 11.

Ludwig, Donald. "Environmental Sustainability: Magic, Science, and Religion in Natural Resource Management." *Ecological Applications* 3, no. 4 (1993): 555–58.

Luo Yudong 罗玉东. *Zhongguo lijin shi* 中国厘金史. Shanghai: Shangwu Yinshu Guan, 1936.

Ma, Debin. "Law and Economy in Traditional China: A 'Legal Origin' Perspective on the Great Divergence." In *Law and Long-Term Economic Change: An Eurasian Perspective*, edited by Jan Luiten van Zanden and Debin Ma, 46–67. Stanford, CA: Stanford University Press, 2011.

Ma Min 马敏. "Shangshi caipan yu shanghui: Lun wan Qing Suzhou shangshi jiufen de tiaochu" 商事裁判与商会——论晚清苏州商事纠纷的调处. *Lishi yanjiu* 历史研究 no. 1 (1996): 30–43.

Ma Min 马敏 and Zhu Ying 朱英. *Chuantong yu jindai de erchong bianzou: Wan Qing Suzhou Shanghui ge'an yanjiu* 传统与近代的二重变奏——晚清苏州商会个案研究. Chengdu: Bashu Shushe, 1993.

Malm, Andreas, and Alf Hornborg. "The Geology of Mankind? A Critique of the Anthropocene Narrative." *Anthropocene Review* 1, no. 1 (2014): 62–69.

Mann, Susan. *Local Merchants and the Chinese Bureaucracy: 1750–1950*. Stanford, CA: Stanford University Press, 1987.

Mao Qiling 毛奇龄. "Hangzhou zhihuo yi" 杭州治火议. In *Wulin zhanggu congbian* 武林掌故丛编. Vol. 9. Taipei: Tailian Guofeng Chuban She, 1967.

Margary, Augustus Raymond, and Rutherford Alcock. *The Journey of Augustus Raymond Margary, from Shanghae to Bhamo, and Back to Manwyne*. London: Macmillan and Co., 1876.

Marks, Robert. *China: An Environmental History*. 2nd ed. Lanham, MD: Rowman & Littlefield, 2017.

———. *Tigers, Rice, Silk, and Silt: Environment and Economy in Late Imperial South China*. Cambridge: Cambridge University Press, 1998.

Matteson, Kieko. *Forests in Revolutionary France: Conservation, Community, and Conflict 1669–1848*. New York: Cambridge University Press, 2015.

McDermott, Joseph P. *The Making of a New Rural Order in South China: I. Village, Land, and Lineage in Huizhou, 900–1600*. New York: Cambridge University Press, 2014.

McNeil, J. R. "China's Environmental History in World Perspective." In *Sediments of Time: Environment and Society in Chinese History*, edited by Mark Elvin and Liu Ts'ui-jung, 31–49. New York: Cambridge University Press, 1998.

Menzies, Nicholas K. *Forest and Land Management in Imperial China*. New York: St. Martin's Press, 1994.

———. "Forestry." In *Agro-Industries and Forestry*, by Christian Daniels and Nicholas K Menzies, 541–740. Science and Civilisation in China Vol. 6, Part 3. Cambridge: Cambridge University Press, 1996.

———. "Three Hundred Years of Taungya: A Sustainable System of Forestry in South China." *Human Ecology* 16, no. 4 (1988): 361–76.

Miller, Ian Matthew. *Fir and Empire: The Transformation of Forests in Early Modern China*. Seattle: University of Washington Press, 2020.

Millward, James A. *Beyond the Pass: Economy, Ethnicity, and Empire in Qing Central Asia, 1759–1864*. Stanford, CA: Stanford University Press, 1998.

Ming Qing Huizhou shehui jingji ziliao congbian di er ji: Zhongguo Shehui Kexue Yuan Lishi Yanjiu Suo cang Song Yuan Ming sandai Huizhou tudi maimai wenqi jiyao 明清徽州社会经济资料丛编第二集：中国社会科学院历史研究所藏宋元明三代徽州土地买卖文契辑要. Beijing: Zhongguo Shehui Kexue Chuban She, 1988.

Ming Qing Suzhou gongshang ye beike ji 明清苏州工商业碑刻集. Jiangsu: Jiangsu Renmin Chuban She, 1981.

Minshi xiguan diaocha baogao lu 民事习惯调查报告录. 1930. Reprint, Beijing: Zhongguo Zhengfa Daxue Chuban She, 2000.

Miyazawa Tomoyuki 宮澤知之."Sodai no gajin" 宋代の牙人. *Toyoshi kenkyu* 東洋史研究 39, no. 1 (1980): 1–34.

Moll-Murata, Christine. "Chinese Guilds from the Seventeenth to the Twentieth Centuries: An Overview." *International Review of Social History* 53, no. S16 (2008): 213–47.

Moore, Jason W. *Anthropocene or Capitalocene? Nature, History, and the Crisis of Capitalism*. Oakland, CA: PM Press, 2016.

Morse, Hosea B. *The Guilds of China*. Shanghai: Kelly & Wash Ltd, 1909. *Nanjing wuzi zhi* 南京物资志. Beijing: Zhongguo Chengshi Chuban She, 1993. Negishi Tadashi 根岸佶. *Chūgoku no girudo* 中國のギルド. Tokyo: Nihon Hyōronsha, 1953.

———. *Shanhai no girudo* 上海のギルド. Tokyo: Nihon Hyōronsha, 1951.

Ni Yuping 倪玉平. *Qingchao Jia Dao guanshui yanjiu* 清朝嘉道关税研究. Beijing: Beijing Shifan Daxue Chuban She, 2010.

North, Douglass C. *Institutions, Institutional Change, and Economic Performance*. Cambridge: Cambridge University Press, 1990.

Ogilvie, Sheilagh C. "The Economics of Guilds." *Journal of Economic Perspectives* 28, no. 4 (2014): 169–92.

———. *Institutions and European Trade: Merchant Guilds, 1000–1800*. Cambridge: Cambridge University Press, 2011.

———. "Rehabilitating the Guilds: A Reply." *Economic History Review* 61 (new series), no. 1 (2008): 175–82.

Olson, Mancur. *The Logic of Collective Action: Public Goods and the Theory of Groups*. Cambridge, MA: Harvard University Press, 1965.

Osborne, Anne. "Highlands and Lowlands: Economic and Ecological Interactions in the Lower Yangzi Region under the Qing." In *Sediments of Time: Environment and Society in Chinese History*, edited by Mark Elvin and Ts'ui-jung Liu, 203–34. New York: Cambridge University Press, 1998.

———. "The Local Politics of Land Reclamation in the Lower Yangzi Highlands." *Late Imperial China* 15, no. 1 (1994): 1–46.

Ostrom, Elinor. *Governing the Commons: The Evolution of Institutions for Collective Action*.

Cambridge: Cambridge University Press, 1990.

Ouyang Tianxing 欧阳天星 . "Gannan mucai hangye shihua buji" 赣南木材行业史话补记 . *Ganzhou wenshi ziliao* 赣州文史资料 (1986): 166-72.

Peng Zeyi 彭泽益 , ed. *Zhongguo gongshang hanghui shiliao ji* 中国工商行会史料集 . Beijing: Zhonghua Shuju, 1995.

Perdue, Peter C. *Exhausting the Earth: State and Peasant in Hunan, 1500-1850.* Cambridge, MA: Harvard University Asia Center, 1987.

———. "Official Goals and Local Interests: Water Control in the Dongting Lake Region during the Ming and Qing Periods." *Journal of Asian Studies* 41, no. 4 (1982): 747-65.

Pomeranz, Kenneth. *The Making of a Hinterland: State, Society, and Economy in Inland North China, 1853-1937*. Berkeley: University of California Press, 1993.

Poteete, Amy R., and Elinor Ostrom. "In Pursuit of Comparable Concepts and Data about Collective Action." *Agricultural Systems* 82, no. 3 (2004): 215-32.

Qi Meiqin 祁美琴 . "Guanyu Qingdai queguan eshui de kaocha" 关于清代榷关额税的考察 . *Qingshi yanjiu* 清史研究 no. 2 (2004): 61-70.

Qu Jian 瞿见 . "Wenben yu chaoben: *Caiyun huangmu andu* de chuanchao" 文本与抄本——《采运皇木案牍》的抄传 . *Tianye yu wenxian* 田野与文献 no. 91 (2018): 1-9.

Rajan, S. Ravi. *Modernizing Nature: Forestry and Imperial Eco-Development 1800-1950*. Oxford: Oxford University Press, 2006.

Reardon-Anderson, James. "Land Use and Society in Manchuria and Inner Mongolia during the Qing Dynasty." *Environmental History* 5, no. 4 (2000): 503-30.

Robbins, Alicia S. T., and Stevan Harrell. "Paradoxes and Challenges for China's Forests in the Reform Era." *China Quarterly* 218 (2014): 381-403.

Rowe, William T. "Approaches to Modern Chinese Social History." In *Reliving the Past: The Worlds of Social History*, edited by Olivier Zunz, 236-96. Chapel Hill: University of North Carolina Press, 1985.

———. *Hankow: Commerce and Society in a Chinese City, 1796-1889*. Stanford, CA: Stanford University Press, 1984.

———. *Hankow: Conflict and Community in a Chinese City, 1796-1895*. Stanford, CA: Stanford University Press, 1989.

———. "Ming-Qing Guilds." *Ming Qing Yanjiu* 1, no.1 (1992): 47-ins01. Rubenstein, Daniel I. "Science and the Pursuit of a Sustainable World." *Ecological Applications* 3, no. 4 (1993): 585-87.

"Sanjiang muye jianshu" 三江木业简述 . *Qiguang yuekan* 企光月刊 3, no. 1-2 (1942): 12-17.

Schlesinger, Jonathan. *A World Trimmed with Fur: Wild Rings, Pristine Places, and the Natural Fringes of Qing*. Stanford, CA: Stanford University Press, 2017.

Scott, James C. *Seeing Like a State: How Certain Schemes to Improve the Human Condition Have Failed*. New Haven: Yale University Press, 1998.

Serageldin, Ismail. "Making Development Sustainable." *Finance and Development* 30, no. 4 (1993): 6–10.

———. *Sustainability and the Wealth of Nations: First Steps in an Ongoing Journey*. Washington, DC: World Bank, 1996.

"Shanghai shi shehui ju muye shangqing diaocha" 上海市社会局木业商情调查, 1935. SHMA, S145-1-47.

Shen Xuefeng 申学锋. "Qingdai caizheng shouru guimo yu jiegou bianhua shulun" 清代财政收入规模与结构变化述论. *Beijing shehui kexue* no. 1 (2002): 84–90.

Shi Ying 石莹. "Qingdai Hankou de zhumu shichang jiqi guimo fenxi" 清代汉口的竹木市场及其规模分析. *Zhongguo jingjishi yanjiu* 中国经济史研究 no. 1 (2015): 108–19.

Shiba Yoshinobu 斯波义信. *Commerce and Society in Sung China*. Translated by Mark Elvin. Ann Arbor: University of Michigan Press, 1970.

———. *Sōdai shōgyō shi kenkyū* 宋代商业史研究. Tokyo: Kazama Shobō, 1968. Shiga Shuzo 滋贺秀三. "Family Property and the Law of Inheritance in Traditional China." In *Chinese Family Law and Social Change in Historical and Comparative Perspective*, edited by David C. Buxbaum, 109–50. Seattle: University of Washington Press, 1978.

Shin, Leo Kwok-yueh. *The Making of the Chinese State: Ethnicity and Expansion on the Ming Borderlands*. Cambridge: Cambridge University Press, 2011.

Sivaramakrishnan, K. *Modern Forests: Statemaking and Environmental Change in Colonial Eastern India*. Stanford, CA: Stanford University Press, 1999.

Songster, E. Elena. "Cultivating the Nation in Fujian's Forests: Forest Policies and Afforestation Efforts in China, 1911–1937." *Environmental History* 8, no. 3 (2003): 452–73.

Stavins, Robert N. "Experience with Market-Based Environmental Policy Instruments." In *Handbook of Environmental Economics*, 1:355–435. Amsterdam: Elsevier, 2003.

Steffen, W., J. Grinevald, P. Crutzen, and J. McNeill. "The Anthropocene: Conceptual and Historical Perspectives." *Philosophical Transactions of the Royal Society A: Mathematical, Physical and Engineering Sciences* 369, no. 1938 (2011): 842–67.

Stephens, Thomas B. *Order and Discipline in China: The Shanghai Mixed Court, 1911–27*. Seattle: University of Washington Press, 1992.

Sutton, Donald S. "Ethnicity and the Miao Frontier in the Eighteenth Century." In *Empire at the Margins: Culture, Ethnicity, and Frontier in Early Modern China*, edited by Pamela Kyle Crossley, Helen F Siu, and Donald S Sutton, 190–228. Berkeley: University of California Press, 2006.

Takeuchi Fusaji 武内房司. "Narukami to meikan no aida: Shindai Kishū Byōzoku ringyō keiyaku bunsho ni miru Byōzoku no shūzoku to funsō shori" 鳴神と鳴官のあいだ——清代貴州苗族林業契約文書に見る苗族の習俗と紛争処理. In *Kishū Byōzoku ringyō keiyaku bunsho kaihen (1736-1950 nen)* 贵州苗族林业契约文书汇编（1736–

267

1950 年), edited by Christian Daniels, Yougeng Yang 杨有赓 , and Fusaji Takeuchi 武内房司 , 3:83−120. Tokyo: Tokyo University of Foreign Languages, 2003.

Tan Qixiang 谭其骧 . "Zhongguo neidi yimin shi: Hunan pian" 中国内地移民史——湖南篇 . shixue nianbao 史学年报 no. 4 (1932).

Tang Bingnan 汤丙南 . "Hankou ce mucai zhi fa" 汉口测木材之法 . Hubei sheng nonghui nongbao 湖北省农会农报 2, no. 9 (1921): 91−93.

Tang Lixing 唐力行 . "Ming Qing Huizhou mushang kao" 明清徽州木商考 . Xueshu jie 学术界 no. 2 (1991): 43−52.

Tiffen, Mary, Michael Mortimore, and Francis Gichuki. More People, Less Erosion: Environmental Recovery in Kenya. Nairobi, Kenya: ACTS Press, 1994.

Totman, Conrad D. The Green Archipelago: Forestry in Preindustrial Japan. Berkeley: University of California Press, 1989.

Trac, Christine Jane, Amanda H. Schmidt, Stevan Harrell, and Thomas M. Hinckley. "Environmental Reviews and Case Studies: Is the Returning Farmland to Forest Program a Success? Three Case Studies from Sichuan." Environmental Practice 15, no. 3 (2013): 350−66.

Turner, Robert Kerry, ed. Sustainable Environmental Economics and Management: Principles and Practice. Chichester, UK: Wiley, 1993.

Vermeer, Eduard B. "Population and Ecology along the Frontier in Qing China." In Sediments of Time: Environment and Society in Chinese History, edited by Mark Elvin and Ts'ui-jung Liu, 235−79. New York: Cambridge University Press, 1998.

von Glahn, Richard. The Economic History of China: From Antiquity to the Nineteenth Century. Cambridge: Cambridge University Press, 2016.

———. Fountain of Fortune: Money and Monetary Policy in China, 1000−1700. Berkeley: University of California Press, 1996.

———. "Modalities of the Fiscal State in Imperial China." Journal of Chinese History 4, no.1 (2020): 1−29.

Wang, Chaoqun, Lin Xue, Yuhong Dong, Lingyu Hou, Yihui Wei, Jiaqi Chen, and Ruzhen Jiao. "The Development of Chinese Fir Plantations Undergo Significant Changes in Soil Microbial Metabolic Function and Enzyme Activities." Journal of Forest Research 24, no. 4 (2019): 261−65.

Wang Boxin 王伯心 . "Nanjing shi mucai maoyi jijia fangfa gaiyao" 南京市木材贸易计价方法概要 . Linye tongxun 林业通讯 no. 1 (1947): 2−4.

Wang Zhen 王珍 . "Tunxi shangbu yu Huizhou mushang" 屯溪商埠与徽州木商 . In Huishang shihua 徽商史话 , edited by Shiliang Zhu 朱世良 , 79−80. Hefei: Huangshan Shushe, 1992.

Wang Zhenzhong 王振忠 . "Taiping Tianguo qianhou Huishang zai Jiangxi de muye jingying: Xin faxian de 'Xihe Muye Zuanyao.'" 太平天国前后徽商在江西的木业经营——新发现的《西河木业纂要》. Lishi dili 历史地理 28 (2013): 144−65.

Waters, Colin N., Jan Zalasiewicz, Colin Summerhayes, Anthony D. Barnosky, Clement Poirier, A. Ga uszka, A. Cearreta, et al. "The Anthropocene Is Functionally and Stratigraphically Distinct from the Holocene." *Science* 351, no. 6269 (2016): aad2622.

Watson, James L. "Anthropological Overview: The Development of Chinese Descent Groups." In *Kinship Organization in Late Imperial China, 1000–1940*, edited by Patricia Buckeley Ebrey and James L. Watson, 274–92. Berkeley: University of California Press, 1986.

Watson, Rubie S. "Corporate Property and Local Leadership in the Pearl River Delta, 1898–1941." In *Chinese Local Elites and Patterns of Dominance*, edited by Joseph W Esherick and Mary Backus Rankin, 239–60. Berkeley: University of California Press, 1990.

Wing, John T. *Roots of Empire: Forests and State Power in Early Modern Spain, c. 1500–1750*. Leiden: Brill, 2015.

Wong, R. Bin. "Taxation and Good Governance in China, 1500–1914." In *The Rise of Fiscal States: A Global History 1500–1914*, edited by Bartolome Yun-Casalilla, Partick K. O'Brien, and Franciso Comin Comin, 353–77. Cambridge: Cambridge University Press, 2012.

Worster, Donald. *American Environmentalism: The Formative Period, 1860–1915*. New York: John Wiley & Sons, Inc., 1973.

Wu Chuanjun 吴传钧. "Nanjing Shangxin He de mushi: Changjiang zhongxia you mucai jisan de zhongxin" 南京上新河的木市——长江中下游木材集散的中心. *Dili* 地理 6, no. 2–4 (1949): 37–44.

Wu Zhonglun 吴中伦, ed. *Shanmu* 杉木. Beijing: Zhongguo Linye Chuban She, 1984.

Wuliao jiazhi zeli Databases: Prices and Wages in Public Construction in the Qing Dynasty. Distributed by Geschichte Chinas, Ruhr-Universität Bochum. www.ruhr-uni-bochum. de/gpc/datenbanken.html.

Xing, Pei, Qibin Zhang, and Patrick J. Baker. "Age and Radial Growth Pattern of Four Tree Species in a Subtropical Forest of China." *Trees* 26, no. 2 (2012): 283–90.

Xing'an huilan 刑案汇览. 60 *juan*, GJK.

Xu Bin 徐斌. *Zhidu, jingji, yu shehui: Ming-Qing liang Hu yuye, yumin, yu shuiyu shehui* 制度、经济与社会：明清两湖渔业、渔民与水域社会. Beijing: Kexue Chuban She, 2018.

Xu Guangqi 徐光启. *Nongzheng quanshu* 农政全书, 1639.

Xu Tan 许檀. "Qingdai qianqi de Jiujiang Guan jiqi shangpin liutong" 清代前期的九江关及其商品流通. *Lishi dang'an* 历史档案 no. 1 (1999): 86–91.

Xue Yunsheng 薛允升. *Dulü cunyi* 读律存疑. 1905. Reprint, Taipei: Chinese Materials and Research Aids Service Center, 1970.

Yang Xiangjun 杨湘钧. *Diguo zhi bian yu guatou zhi lian: Shanghai Huishen Gongxie quanli guanxi bianqian yanjiu* 帝国之鞭与寡头之链——上海会审公廨权力关系变迁研究. Beijing: Beijing Daxue Chuban She, 2006.

Yang Yougeng 杨有庚. "Qingdai Qian dongnan Qingshui Jiang liuyu muhang chutan" 清代黔东南清水江流域木行初探. *Guizhou shehui kexue* 贵州社会科学 no. 8 (1988):

48-53.

Yang Yusheng 杨玉盛. *Shanmu lin ke chixu jingying de yanjiu* 杉木林可持续经营的研究. Beijing: Zhongguo Linye Chuban She, 1998.

Yin Qing 荫青. "Jiangxi zhi mucai ye" 江西之木材业. *Jingji xun kan* 经济旬刊 4, no. 7 (1935): 1-16.

Ying'an 英安. *Caiyun huangmu andu* 采运皇木案牍, ca. 1781. National Science Library at the Chinese Academy of Sciences, Beijing.

Yu Xintuo 俞新妥. "Shanmu de hunnong linye" 杉木的混农林业. *Shengtai xue zazhi* 生态学杂志 10, no. 2 (1991): 25-28.

———. *Shanmu zaipei xue* 杉木栽培学. Fuzhou: Fujian Keji Chuban She, 1997.

Zeli bianlan 则例便览. 49 *juan*, GJK.

Zelin, Madeleine. "Chinese Business Practice in the Late Imperial Period." *Enterprise and Society* 14, no. 4 (2013): 769-93.

———. "Eastern Sichuan Coal Mines in the Late Qing." In *Empire, Nation, and Beyond: Chinese History in Late Imperial and Modern Times*, edited by Joseph W Esherick and Wen-Hsin Yeh, 105-22. Berkeley: University of California Press, 2006.

———. "The Firm in Early Modern China." *Journal of Economic Behavior & Organization* 71, no. 3 (2009): 623-37.

———. *The Merchants of Zigong: Industrial Entrepreneurship in Early Modern China*. New York: Columbia University Press, 2005.

———. "The Rise and Fall of the Fu-Rong Salt-Yard Elite: Merchant Dominance in Late Qing China." In *Chinese Local Elites and Patterns of Dominance*, edited by Joseph W Esherick and Mary Backus Rankin, 82-109. Berkeley: University of California Press, 1990.

Zhan Mingduo 詹鸣铎. *Wo zhi xiaoshi: Xin faxian de huishang xiaoshuo* 我之小史——新发现的徽商小说. Edited by Wang Zhenzhong 王振忠. Hefei: Anhui Jiaoyu Chuban She, 2008.

Zhang, Meng. "Financing Market-Oriented Reforestation: Securitization of Timberlands and Shareholding Practices in Southwest China, 1750-1900." *Late Imperial China* 38, no. 2 (2017): 109-51.

———. "Frontier Timber in Southwest China: Market, Empire, and Identity." In *The Cultivated Forest: Trees and People in Asian History*, edited by Bradley Camp Davis, Brian Lander, John S. Lee, and Ian M. Miller, 77-94. Seattle: University of Washington Press, 2022.

———. "Timber Trade along the Yangzi River: State, Market, Environment, and Frontier, 1750-1930." PhD dissertation, University of California-Los Angeles, 2017.

———. "Timber Trade Organizations in Shanghai: Institutions, Enforcement, and Dispute Resolution, 1880-1930." *International Journal of Asian Studies* 14, no. 2 (2017): 143-70.

Zhang Chuanxi 张传玺, ed. *Zhongguo lidai qiyue huibian kaoshi* 中国历代契约会编考

释. Beijing: Beijing Daxue Chuban She, 1995.

Zhang Haipeng 张海鹏 and Wang Tingyuan 王廷元, eds. *Ming Qing Huishang ziliao xuanbian* 明清徽商资料选编. Hefei: Huangshan Shushe, 1985.

Zhang Yingqiang 张应强. "Cong Guazhi 'Yishi Yongzun' shike kan Qingdai zhonghou qi de Qingshui Jiang mucai maoyi" 从卦治《奕世永遵》石刻看清代中后期的清水江木材贸易. *Zhongguo shehui jingji shi yanjiu* 中国社会经济史研究 no. 3 (2002): 53–59.

———. *Mucai zhi liudong: Qingdai Qingshui Jiang xiayou diqu de shichang, quanli, yu shehui* 木材之流动：清代清水江下游地区的市场、权力与社会. Beijing: Sanlian Shudian, 2006.

Zhang Yingqiang 张应强 and Hu Teng 胡腾. *Xiangtu Zhongguo Jinping* 乡土中国 锦屏. Shanghai: Sanlian Shudian, 2004.

Zhang Yingqiang 张应强 and Wang Zongxun 王宗勋, eds. *Qingshui Jiang wenshu di er ji* 清水江文书第二辑. 10 vols. Guilin: Guangxi Shifan Daxue Chuban She, 2009.

"Zhejiang zhi mucai" 浙江之木材. *Zhong wai jingji zhoukan* 中外经济周刊 no. 219 (1927): 11–16.

Zhenxun Muye Gonghui baogao lu 震巽木业公会报告录, 1925. SHMA, S145-1-7.

Zhou Lin 周琳. "Bianshang yihuo haishang: Cong zhongjie maoyi jiufen kan Qianlong zhi Daoguang shiqi Chongqing de guanya zhi" 「便商」抑或「害商」——从仲介贸易纠纷看乾隆至道光时期重庆的「官牙制」. *Xin shixue* 新史学 24, no. 1 (2013): 59–106.

Zhuang Lunyi 庄纶裔. *Lu xiang gongdu* 卢乡公牍. 4 *juan*, GJK.

索 引

Jurchen people 女真人，21

K

Kaifeng 开封，21
Kaihua County 开化县，207n7
Kaitai Lumber Store 开泰木号，168，169
Kenya 肯尼亚，207n3
Association of Tax—Paying Timber Merchants 客商木业公所，128，151
Korea 朝鲜，82

L

labor 劳动力：in imperial logging missions 皇木采办任务中的，6，19，20，24，47；in opening of transportation route 开辟运输路线的，26；in plantation forestry 种植林业的，81，82；and the property rights regime 与产权制度，84，98，99，104，111；in the timber trade 木材贸易中的，15，115—117；in transport of tribute grain 漕粮运输中的，42，43，44；wages of 工钱，33，77
legal system 法律制度，159—164，166，169
Leping County 乐平县，125
Li Ba 李拔，86
Li Daoyuan 郦道元，39，40，41
Li Guisen 李桂森，144—145
Li River 澧水，68
Lianghu Huiguan 两湖会馆，66—67，150—151
Liangjiang Village 亮江村，116
licensed brokerages 牙行：informational and other functions 信息与其他功能，14，123—125，135，137；networks with sellers 与卖家的网络，127—134；private leases on 私人租赁牙帖，120—123；reform during 1730s 18世纪30年代的改革，118—119，142；in state market management strategy 国家市场管理策略，12，13，114，117—119，137—138；茶与其他行业的牙行，124—125；木材贸易的牙行，119—125，134—137。亦见帮；商人组织；木商
Lin Zhensheng 林震升，165—166
lineage trust 族产，106，108—110，175—

176
Linjiang Prefecture 临江府，39，41，57
Linqing Guan custom station 临清关，50
Liu, Dachang 刘大昌，178
Liu Zhenfeng 刘震丰，165
logging 木材采伐：in balance with planting 与木材种植的平衡，173；in Guanshan lands 官山的木材采伐，85，86；for imperial construction 用于皇家营造的采木，6，17，23—24，25，27，47；labor and technology involved in 采木业的劳动与技术，114—115
Long Ji Timber Brokerage 隆记木行，125—126，131，133，134
Longjiang Guan custom station 龙江关：as a board of Works station 作为工部关，49；destruction and closure 废止与关闭，61，149；location 方位，5，50，150；Ming dynasty predecessor of 在明代的前身，57；revenue date from 税收数据，56，58，59，60，181—185；support for Benchu in conflict with three town 在与三寨的冲突中对垄处的支持，135
Longquan County Archives 龙泉县档案，110
Longquan ma system 龙泉码系统，37，49，72—79，123
Lukeng Village 庐坑村，125

M

Maoping township 茅坪镇，134
Margary, Augustus Raymond 马嘉里，3
Maritime Customs Service 海关总税务司，58，184
merchant associations 商人组织：adjudication of 纠纷审理，156—157，161；and chambers of commerce 商会，164，169；collective taxation arrangement 捐，128，140—141，142—143，151，152，158，170—171；compared with European guilds 与欧洲行会的比较，13，148，217n19；credit agreements 信用合约，141，153—154；information-sharing and other services 信息共享与其他服务，12—13，14，140—141，142，153，158—159，171；and the legal

守望思想　逐光启航

光启
LUMINAIRE

流动的森林：一部清代市场经济史

张　萌　著

史可鉴 译

责任编辑　肖　峰
营销编辑　池　森　赵宇迪
装帧设计　徐　翔
示意图改绘　翁　一

出版：上海光启书局有限公司
地址：上海市闵行区号景路 159 弄 C 座 2 楼 201 室　201101
发行：上海人民出版社发行中心
印刷：商务印书馆上海印刷有限公司
制版：南京展望文化发展有限公司

开本：890mm×1240mm　　1/32
印张：9.625　字数：204,000　　插页：2
2024 年 2 月第 1 版　　2024 年 2 月第 1 次印刷
定价：89.00 元
ISBN：978-7-5452-1992-0 / F·4

图书在版编目 (CIP) 数据

流动的森林：一部清代市场经济史 / 张萌著；史
可鉴译 . —上海：光启书局，2024
书名原文：Timber and Forestry in Qing China:
Sustaining the Market
ISBN 978-7-5452-1992-0

Ⅰ.①流…　Ⅱ.①张…　②史…　Ⅲ.①林业史－中国
－清代　Ⅳ.① F326.29

中国国家版本馆 CIP 数据核字（2023）第 217908 号

本书如有印装错误，请致电本社更换 021-53202430